kritik & utopie ist die neue politische Edition im mandelbaum *verlag*. Darin finden sich theoretische Entwürfe ebenso wie Reflexionen aktueller sozialer Bewegungen, Originalausgaben und auch Übersetzungen fremdsprachiger Texte, populäre Sachbücher sowie akademische und außeruniversitäre wissenschaftliche Arbeiten. *kritik & utopie* INTROs bieten bündige und klar verständliche Einführungen in gesellschaftskritische Debatten und Diskursfelder.

Nähere Informationen zu Beirat, Neuerscheinungen und Terminen unter www.kritikundutopie.net

Gewidmet Walther Schütz, seinem Einsatz für ein Gutes Leben: berührend, ermutigend und begeisternd

Andreas Exner, Brigitte Kratzwald

SOLIDARISCHE ÖKONOMIE & COMMONS

INTRO. Eine Einführung

mandelbaum *kritik & utopie*

Gedruckt mit Unterstützung durch

MA 7 - Kulturabteilung der Stadt Wien, Referat Wissenschafts- und Forschungsförderung

Lektorat: Elvira Gross
Satz & Umschlaggestaltung: Michael Baiculescu
Druck: Primerate, Budapest

Inhalt

Danksagung

Seiner Gefährtin Su Albrecht dankt Andreas Exner für ihre große Geduld und großzügige Unterstützung, ebenso dem gemeinsamen Sohn Elias Jonathan.

Ohne einzelne Namen zu nennen, möchte sich Brigitte Kratzwald bei all jenen Menschen bedanken, mit denen sie in den letzten Jahren über Alternativen zum Kapitalismus diskutieren durfte – auch die Gedanken in diesem Buch sind ein Commons, das nicht einer Person zuordenbar ist!

Vorwort

In den letzten Jahren hat sich das, was 2007 in den USA als Subprimekrise begonnen hat, gemeinsam mit anderen schon länger schwelenden Widersprüchen des Systems zu einer großen gesellschaftlichen Krise ausgewachsen. Große Krisen stellen strategische Situationen dar. Zum einen verdichten sich darin die Resultate vielfältiger sozialer Kämpfe, die zuvor in scheinbar weit auseinanderliegenden Bereichen der Gesellschaft und ohne Zusammenhang geführt worden sind. Sie kommen in der Krise dann wie im Zusammenlaufen einzelner Zündschnüre zur Explosion und erlangen so einen gemeinsamen Ausdruck. Zum anderen bilden sich in einer Krise neue soziale Akteure heraus und bestehende Akteure orientieren sich um. Es werden weitreichende Entscheidungen getroffen, die neue gesellschaftliche Strukturen schaffen, die künftige Kämpfe einschränken oder erleichtern. Krisen sind ebenso bedrohliche wie einladende offene Situationen. Sie zwingen zum Handeln und öffnen Perspektiven, die über das Bestehende hinausweisen. Mit den Widersprüchen der kapitalistischen Produktion und den herrschenden Krisen als den Rahmenbedingungen für Alternativen beschäftigt sich deshalb das erste Kapitel. Dem werden im zweiten Kapitel die Commons als Produktionsweise und soziale Organisationsform gegenübergestellt, die sich mit Solidarischen Ökonomien überlappen.

Bestehen Commons und Solidarische Ökonomien innerhalb des Marktsystems, so sind sie immer zwiespältig. Sie versorgen das Kapital mit kostenlosen Ressourcen, bilden aber auch Räume der Autonomie, in denen Widerstand und Alternativen entstehen können. Daher waren und sind Commons immer ein umkämpftes Feld. Dies wird im dritten Kapitel vom historischen Datum 1215 bis heute in sehr grobem Umriss nachgezeichnet.

In den letzten Jahrzehnten gab es in verschiedenen Lebensbereichen neue Einhegungen von Commons, die neue Widerstände nach sich zogen. In vielen dieser widerständigen Initiativen wird auf die Begriffe „Commons“ und „Solidarische Ökonomie“ zurückgegriffen. Unter diesem Motto stellen Aktivistinnen den Erfahrungen der Ohnmacht und Enteignung Momente der Wiederaneignung und Selbstbestimmung gegenüber. Viele haben das Vertrauen in die staatliche Politik ebenso wie in den Markt verloren. Sie glauben nicht mehr daran, dass diese die richtige Antwort auf die aktuellen globalen Probleme sein können und nehmen ihre Angelegenheiten stattdessen selbst in die Hand – ob es nun um die Nahrungsmittelversorgung, Medien, Wissen, das Gesundheits- oder Bildungssystem oder den Ausstieg aus der fossilen Energie geht. Aktivistinnen aus all diesen Bereichen verbindet ein gemeinsames Anliegen: Was Menschen für ihr tägliches Leben brauchen darf nicht zu Privateigentum werden, sondern muss für alle zugänglich sein. Alle sollen über die Produktion und Verwendung lebensnotwendiger Dinge oder Dienste mitbestimmen können. Im vierten Kapitel werden zwei derartige Bereiche, und zwar digitale Commons und Ernährung und Landwirtschaft vorgestellt.

Mit den „Halbinseln“ (Friederike Habermann), „Inseln“, „Archipelen“ und Versuchen zur „Landgewinnung“ gegen den kapitalistischen Strom setzt Andreas Exner sich im fünften Kapitel auseinander.

Die Krisensituation bringt auch eine Vielzahl von Vorschlägen einer Ordnung von Wirtschaft, Politik und Gesellschaft hervor, die das bestehende System nicht überwinden, sondern erneuern wollen. Meist werden hier die Ursachen der Krise in mangelnder Systemregulierung und in individuellem Fehlverhalten gesehen. Moralische Appelle nach weniger Gier und mehr Sorge um den Anderen, verbunden mit einer Einschränkung der Finanzmärkte und der Anrufung staatlicher Macht kennzeichnen solche Konzepte. Hochkonjunktur haben auch Vorstellungen, ein zinsloses Geldsystem könnte die Übel des Kapitalismus: Konkurrenz, Krisen und Ungleichheit beseitigen. Zinsloses Geld soll „arbeitslosen“ Reichtum verhindern, ohne das Kapitalverhältnis als solches infrage zu stellen und einer vermeintlich guten Marktwirtschaft wieder zu ihrer Geltung zu verhelfen. In all diesen Vorstellungen bleiben die Kernstrukturen des kapitalistischen Systems, nämlich Lohnarbeit, Warenproduktion und Äquivalenztausch, erhalten und werden mit den Mitteln staatlicher Herrschaft gesichert. Genau diese Strukturen aber bedingen die grundsätzliche Krisenanfälligkeit des Kapitalismus und verkörpern seine Herrschaftsverhältnisse. Echte Alternativen, die zu einer sozialen Transformation über den Kapitalismus hinaus führen, müssen mit ihnen daher brechen. Commons und Solidarische Ökonomie können diesen Anspruch mit Hilfe kooperativer Produktionsweisen, reziproker Beziehungen und nicht-hierarchischer Entscheidungsstrukturen erfüllen – sofern sie Teil kämpferischer sozialer Bewegungen sind, die sich nicht damit begnügen wollen, die Krisen des Kapitalismus abzufedern.

In den aktuellen Debatten über Commons und Solidarische Ökonomien gibt es unterschiedliche Diskussionsstränge. Eine allgemein verbindliche Definition von Solidarischer Ökonomie oder von Commons gibt es nicht. Für beide Bewegungen bedeutet das, dass sie anfällig sind für Konflikte im Inneren und für Kritik und Vereinnahmungsversuche von außen. Solidarische Ökonomie wird manchmal mit neoliberalem Social Business oder Social Entrepreneurship verquickt. Solidarische Ökonomie wird auch nicht radikaler, wenn man sie zusätzlich oder wahlweise als Soziale Ökonomie bezeichnet. Die sozialökonomischen Betriebe in Österreich sind eher das Gegenteil einer Alternative zum Kapitalismus. Manchmal scheint der Begriff der Solidarischen Ökonomie auf wenig mehr zu zielen als auf Genossenschaften plus Verbandsarbeit. Ähnlich die Situation in der Commons-Debatte. Commons werden von einigen Strömungen offen zur Rettung des Kapitalismus propagiert.

Es handelt sich bei Commons und Solidarischen Ökonomien also weder um einheitliche Theoriegebäude noch um klar abgrenzbare Bewegungen, sondern eher um strategische Diskurse und eine Vielfalt konkreter Praktiken, die in Machtverhältnisse eingebettet sind. Es ist daher notwendig, das emanzipatorische Potential der Commons herauszuarbeiten und zu untersuchen, unter welchen Bedingungen es realisiert werden kann. Das ist das Hauptthema dieses Buches. Denn immer wenn neue Kritik und neue alternative Konzepte auftauchen, versuchen unterschiedliche gesellschaftliche Gruppen diese für ihre Zwecke zu vereinnahmen. Im Sinne ihres Machterhalts trachten auch die politischen und wirtschaftlichen Eliten danach, solche Konzepte in ihre Programme einzubauen.

Wenngleich eine Vielfalt an Sichtweisen und Praktiken grundsätzlich die Entwicklung von Commons und Solidarischer Ökonomie vorantreiben könnte, distanzieren wir uns ausdrücklich davon, diese dafür zu instrumentalisieren, das kapitalistische System zu reparieren beziehungsweise zu stärken. Dazu gehören etwa Versuche, durch Appell an die Stärke der Gemeinschaft Sozialausgaben einzusparen, wie es der britische Premierminister David Cameron macht, der unter dem Schlagwort „Big Society“ wesentliche, bisher staatlich organisierte Bereiche im Bildungs-, Pflege- und Gesundheitsbereich an den Freiwilligen-Sektor übertragen will. Eine Vorgehensweise, die im Zuge beginnender Kürzungsprogramme wohl auch in anderen EU-Ländern auf die Agenda kommen wird.

Wir hoffen, mit diesem Buch den Leserinnen und Lesern fundiertes Wissen und nachvollziehbare Argumente für theoretische Auseinandersetzungen zur Verfügung zu stellen. Darüber hinaus wollen wir auch zu konkreten Aneignungspraktiken und Umsetzungsideen motivieren. Handlungsmöglichkeiten für eine Transformation in Richtung einer solidarischen, zukunftsfähigen Gesellschaft sollen sichtbar und denkbar gemacht werden. Wir glauben, dass ein kritischer Blick auf bestehende Ansätze diesem Potenzial von Commons und Solidarischen Ökonomien mehr hilft als eine Verklärung oder ein „Anything goes“.[1]

Ein „Gutes Leben“ für alle ist möglich, es kommt auf *uns* an, ob es wirklich werden kann.

1 Dieser Slogan postmoderner Beliebigkeit wird gemeinhin, jedoch fälschlich, dem Konstruktivisten Paul Feyerabend zugeschrieben. Feyerabend stellte zwar fest, dass eine objektive Wahrheit – jedenfalls in den Naturwissenschaften – nicht existiert, vertrat allerdings eine klare Position.

Marktwirtschaft und Kapitalismus

Die Marktwirtschaft

Nahezu alle Dinge und Dienste, die wir zum Leben brauchen, existieren heute in Form von Waren, das heißt als Privateigentum bestimmter Personen, die sie nicht nutzen, sondern verkaufen wollen, um damit Profit zu erzielen. Damit wir bekommen, was wir zum Leben brauchen, müssen wir deshalb zuvor über Geld verfügen. Weil die meisten Menschen kein Vermögen besitzen, müssen sie etwas verkaufen, um Geld zu verdienen. Und weil die wenigsten viel mehr zu verkaufen haben als ihrer Hände und Köpfe Arbeitskraft, bieten sie sich eben selbst zum Kauf an. Das ist so selbstverständlich geworden, dass es uns gar nicht mehr auffällt: Das Leben in dieser Gesellschaft ist alles andere als selbstverständlich. Es muss vielmehr erst verdient sein, und das im wahrsten Sinne des Wortes.

Das ist die eine Seite. Die andere ist die Verknappung. Um Dinge oder Dienste gewinnbringend verkaufen zu können, müssen sie zuvor knapp gemacht werden. Denn niemand zahlt für etwas, von dem ohnehin genug vorhanden ist. Dinge oder Dienste werden verknappt, indem man die Möglichkeiten einschränkt, Bedürfnisse zu befriedigen. Es gibt viele Wege das zu erreichen: durch Verbote, Musik oder Software zu kopieren, Saatgut selbst zu vermehren und mit anderen gratis auszutauschen oder brach liegendes Land und leerstehende Wohnungen zu nutzen; durch Zerstörung von Lebensmitteln, damit die Preise nicht fallen oder die Produktion gratis abgegeben werden muss; durch Kürzungen von Sozialausgaben oder das Niedrighalten von Löhnen, damit Menschen nicht kaufen können, was sie brauchen. Abgesehen von diesen vielfältigen Strategien der Einschränkung, gibt es eine regelrechte Industrie, die Bedürfnisse verstärkt oder überhaupt erst schafft. Sie überzeugt Menschen davon, dass sie unbedingt das coolste Handy, das größte Auto oder den neuesten Schrei der Mode haben müssen. Werbung bildet allerdings nur die Oberfläche eines in der Marktwirtschaft selbst verankerten Systems der Statuskonkurrenz, das Menschen dazu zwingt, mehr zu konsumieren als andere. Das Leiden unter der sozialen Bewertung durch andere und die Angst vor sozialem Abstieg ist der größte Stressfaktor, dem Menschen überhaupt ausgesetzt sind. Außer in armen Ländern ist soziale Ungleichheit daher die wichtigste Ursache für Krankheiten, soziales Leiden und ökologische Probleme.[2]

Da der Markt das dominierende System der Verteilung ist, wird mittlerweile alles zur Ware und ist folglich nur über Geld zu haben. Im Gegensatz zu früheren Wirtschaftsweisen existiert heute anstelle einer „Wirtschaft *mit* Märkten" eine regelrechte „Markt-Wirtschaft", und zwar weltweit. Angeblich sei Marktwirtschaft das beste Instrument, knappe Güter effizient zu verteilen, so lautet die übliche Rechtfertigung. Dabei handelt es sich jedoch um einen Zirkelschluss. Wurde erst einmal fast alles zur Ware gemacht, so ist klarerweise Geld vonnöten, um sich diese anzueignen. Der Markt ist dann nicht die „beste", sondern schlicht die einzig mögliche Form der Verteilung.

Staatswirtschaft? – keine Alternative!

Haben nicht die ehemaligen Staatsplanwirtschaften in Osteuropa gezeigt, dass auch der Staat Güter und Dienste verteilen kann, jedoch nur um den Preis allgemeinen Mangels und einer grandiosen Ineffizienz? Tatsächlich hoben die realsozialistischen Regime die Marktwirtschaft nicht auf, sondern versuchten, sie mit staatlicher Gewalt zu dirigieren. Diese Regime verwalteten eine staatlich geplante Marktwirtschaft.

Dass es sich dabei um eine Marktwirtschaft handelte, ist an folgenden vier Eigenschaften zu erkennen: *Erstens* wurden Güter und Dienste nach wie vor verkauft und mussten gekauft werden. Es handelte sich also um eine vom Markt dominierte Wirtschaftsweise, in der tendenziell alles zur Ware gemacht wurde. Gleichwohl versuchte der Staat diese Wirtschaftsweise zu kontrollieren, was *zweitens* dazu führte, dass der freie Markt als Schwarzmarkt existierte. Das realsozialistische System, insbesondere in seiner rigidesten Form wie in

2 http://www.equalitytrust.org.uk/

der UdSSR, hätte ohne die sogenannten Beschaffer, die an den Planvorgaben vorbei die notwendigen Produktionsmittel besorgten und mit anderen Unternehmen direkt handelten, nicht funktioniert. *Drittens* waren die Leute darauf angewiesen, einer Lohnarbeit nachzugehen; auch sie waren also dem Markt unterworfen, wenngleich der Arbeitsmarkt geplant war, in viel stärkerem Ausmaß als das etwa in den europäischen Ländern und selbst in den USA heute der Fall ist.

Viertens bestimmte nach wie vor die dem Markt eingebaute Konkurrenz das gesellschaftliche und wirtschaftliche Leben. Die Arbeiter wurden dazu angestachelt, den Plan im Übermaß zu erfüllen. Wie im Privatkapitalismus westlicher Prägung auch, wurden Lohndifferenzen eingesetzt, um sie zur Konkurrenz zu zwingen und zur Erfüllung der abstrakten Produktionsziele zu motivieren, die sie nicht bestimmen konnten und die ihnen daher tendenziell gleichgültig blieben.

Die Unternehmen konkurrierten nicht im Sinne einer Kostendämpfung, sondern versuchten durch möglichst hohe Inputs ihren Output zu maximieren, was die Planwirtschaft honorierte. Zugleich wurden, wie in jeder Marktwirtschaft üblich, die Qualitätsstandards so niedrig wie möglich gehalten. Normalerweise verhindert der Markt den totalen Qualitätsverlust der Waren durch die Drohung des Bankrotts. Diesen Mechanismus blockierte die Staatsplanwirtschaft. Qualität suchte sie durch ein überbordendes System von Vorschriften zu sichern. Doch kann jede rechtliche Regelung oder Vorschrift umgangen werden, wie man auch aus hiesiger Erfahrung weiß, und genau das tat die Mehrheit der realsozialistischen Betriebe. Schwerwiegende Konsequenzen hatten sie nicht zu fürchten und wenig mehr zu gewinnen als eine Belobigung für die Erfüllung ihnen fremder, nicht beeinflussbarer und wohl nicht selten unsinniger Vorgaben.

Um sich den Planvorgaben möglichst zu entziehen, die höher wurden, wenn ein Betrieb mehr produzierte, meldeten die Betriebe systematisch falsche Zahlen über verfügbare Produktionsmittel, realistische Produktionsziele und so weiter an die Behörden. Weil der Staat keine andere Möglichkeit hatte, als die von den Betrieben gemeldeten Zahlen zur Planung heranzuziehen, glich der Plan mit der Zeit immer mehr einem Potemkinschen Dorf.

Der Markt als strukturelles Konfliktverhältnis

Kauf und Verkauf, die zentralen Interaktionen des Marktes, entfalten sich in Konfliktverhältnissen. Käufer und Verkäufer stehen immer in einer konflikthaften Beziehung zueinander.[3] Dieser Konflikt kann unterschiedliche Formen annehmen. Der bekannteste Fall ist die Konkurrenz zwischen Betrieben, die um den Verkauf ihrer Waren, um Ressourcen oder um Aufträge konkurrieren. Doch ist auch der scheinbar harmlose Kauf eines Konsumgutes beispielsweise auf dem Bauernmarkt eine konflikthafte Angelegenheit. Denn während die Käuferin das Interesse an einem möglichst billigen Preis hat, trachtet die Verkäuferin danach, die Ware möglichst teuer zu verkaufen. Während die Käuferin eine möglichst gute Qualität erstehen will, hat die Verkäuferin zwar ein vielleicht moralisches Motiv, aber kein strukturelles Interesse daran, dass die Qualität der Ware möglichst gut ist. Sie muss verkauft werden, das ist alles. Der Markt ist eine Nicht-Beziehung, worauf noch später eingegangen wird.

In vielerlei Weise setzt der Markt also die Interessen und Bedürfnisse der Menschen gegeneinander, der Konflikt ist allgegenwärtig, entweder in der Form der Konkurrenz auf horizontaler oder in Form der Herrschaft in hierarchischer Beziehung. Der Vorteil der einen ist, ob sie es wollen oder nicht, der Nachteil der anderen. Nicht weil Menschen aus sich heraus egoistisch oder geizig sind, trachten sie am Markt nur nach ihrem eigenen Vorteil. Vielmehr sind die sozialen Verhältnisse in einer Marktgesellschaft selbst notwendigerweise von Konkurrenz und Konflikt beherrscht, was Menschen durch ihr individuelles Verhalten, solange sie als Marktakteure agieren, zwar abschwächen, aber nicht überwinden können.

Am Markt regiert das Geld, es regelt die Verteilung der Waren, darunter die „fiktive Ware" Arbeitskraft. Der Preis einer Ware ist keine natürliche Eigenschaft und hat auch nichts mit dem Gebrauchswert, dem konkreten Nutzen einer Ware zu tun. Der Preis setzt darüber hinaus die große Zahl an Produkten, die weltweit hergestellt werden, zueinander in ein Verhältnis. Damit bringt der Preis zugleich jene Menschen in einen Zusammenhang wechselseitiger Bewertung, die Eigentümer dieser Produkte sind. Über die Eigentümer

3 Sofern sie überhaupt in einer Beziehung stehen.

der Produkte, zumeist Kapitalisten oder Unternehmer, werden auch die Lohnabhängigen, die diese Produkte herstellen, einbezogen. Der Preis ist also ein soziales Verhältnis, das zwischen jenen Menschen besteht, die über Dinge oder Dienste verfügen, und jenen, die diese Produkte brauchen.

Dieses Verhältnis hat bemerkenswerte Eigenschaften. Erstens trennt es die Menschen voneinander (nur wer Geld hat, kann auch kaufen), zweitens jedoch verbindet es alle Marktteilnehmer aufs Engste (selbst der Preis einer simplen Ware wird zum Beispiel durch eine Vielzahl von Preisen anderer Waren beeinflusst), während sie drittens keinerlei Möglichkeit haben, diesen Zusammenhang gemeinsam zu steuern (auch der Staat war darin nur beschränkt erfolgreich). Aus diesem Verhältnis folgt ein allseitiger Konflikt, ein wechselseitiger Ausschluss der Menschen von den Mitteln für ein Gutes Leben. Was der eine als Privateigentum hat, geht dem anderen ab. Besonders schmerzlich macht sich das bei den Produktionsmitteln bemerkbar, gemeint sind damit Land, Rohstoffe, Werkzeuge, Maschinen, Gebäude und Wissen. Die allseitige Spaltung, Verkettung und Ohnmacht, die der Markt bedingt, wurde durch den Siegeszug des Neoliberalismus seit den Achtzigerjahren noch verschärft.

Kapital und Lohnarbeit – zwei Seiten einer Herrschaftsbeziehung

Die Konflikte des Kapitalismus machen beim Markt nicht Halt. Verschränkt mit der horizontalen Ebene, wo Ellbogen gegen Ellbogen eingesetzt werden, ist die vertikale Ebene zwischen denen „da oben" und den anderen „da unten". Dass der Markt die Menschen trennt und nur über das Geld in einen sachlichen Zusammenhang bringt, ist das Ergebnis der Spaltung zwischen den Eigentümern der Produktionsmittel und denen, die gezwungen sind, sich ihnen zu verkaufen. Die vertikale Ebene zeigt sich in der Lohnarbeit. Die Lohnarbeit ist ebenso wie der Markt ein soziales Verhältnis, in diesem Fall zwischen den Eigentümern der Produktionsmittel, die es sich leisten können, andere Menschen zu beschäftigen, und denen, die nur über ihrer Hände und Köpfe Arbeitskraft verfügen und sie wie eine Ware verkaufen müssen. Auch dieses soziale Verhältnis ist aufgrund seiner Struktur vom Konflikt geprägt.

Die Lohnarbeit ist nur die Kehrseite dessen, was man üblicherweise als Kapital bezeichnet. Maschinen und andere Produktionsmittel werden erst zu Kapital durch ein bestimmtes soziales Verhältnis: nämlich zwischen Menschen, die darüber als Privateigentum verfügen und anderen, die sich der Produktionsmittel nur nach Willen der Eigentümer bedienen können. Geld ist dann Kapital, wenn es dazu verwendet wird, Produktionsmittel und in der Folge die Arbeitskraft von Menschen zu kaufen, um daraus Profit zu schlagen.

Das Kapitalverhältnis ist ein Herrschaftsverhältnis. Das Eigentum an Produktionsmitteln, die für unser aller Leben notwendig sind, bedeutet zugleich eine fundamentale Erpressungsmacht über jene, die nicht darüber verfügen. Die Eigentümer der Produktionsmittel können den Nicht-Eigentümerinnen die Bedingungen für deren Zugang diktieren und – mittels Lohn – das zum Leben Notwendige zuteilen. Die Eigentümer heißen Kapitalisten oder Unternehmer. Während ein Kapitalist sich ausschließlich der Vermehrung seines Kapitals widmet, arbeitet ein Unternehmer im Betrieb mit.

Fraglos haben Kapitalisten als die mächtigsten Eigentümer auch größeren gesellschaftlichen Einfluss als Unternehmer, die mit den Kapitalisten konkurrieren oder von ihnen sogar dominiert werden (etwa in Form von kleinen Zulieferbetrieben für Konzerne, wie das heute üblich ist). Allerdings sind auch die Unternehmer in einer Herrschaftsposition gegenüber den von ihnen Abhängigen, den Lohnabhängigen. Das lässt sich an mehreren Punkten festmachen.

Erstens: Während der Unternehmer die Lohnabhängigen kündigen und dann immer noch als kleiner Selbstständiger mit den eigenen Produktionsmitteln arbeiten kann, gilt das nicht umgekehrt. Diese fundamentale Ungleichheit tritt nicht zuletzt in einer Krise zutage.

Zweitens: Der Unternehmer trifft nicht nur die Entscheidung der Einstellung oder Kündigung, sondern letztlich auch alle anderen Entscheidungen alleine. Es gibt keine Demokratie in einem kapitalistischen Unternehmen, sondern bestenfalls eine Anhörung von Vorschlägen. Der Unternehmer ist dabei durchaus nicht so eng von den Zwängen des Marktes (der Konkurrenz und anderem) limitiert, wie die neoliberale Ideologie Glauben machen will. Das zeigen die Erfahrungen in solidarökonomischen Betrieben und Projekten, was noch Thema sein wird.

Drittens: Insbesondere mit dem Siegeszug des Neoliberalismus ist der Unternehmer zur unbestrittenen moralischen und politischen Leitfigur aufgestiegen. Auch unabhängig von seinem Einkommen gilt er als überlegen und sein sozialer Status ist höher als der eines Lohnabhängigen.

Zwar enthält die amtliche Statistik in der Kategorie der Selbstständigen eine große Zahl von arm gemachten Menschen, die sogenannten neuen Selbstständigen oder Ich-AGs. Sie ähneln Stücklohnarbeiterinnen mit Telefon und PC, ähnlich den Heimarbeitern des Frühkapitalismus. Laut Wirtschaftskammer Österreich sind rund 55 Prozent aller „Unternehmen" in Österreich tatsächlich „Einpersonenunternehmen", also gar keine Firmen im eigentlichen Sinn, sondern mit wenigen Ausnahmen prekarisierte Existenzen am Rande der Armut und jenseits davon.[4] Insgesamt jedoch ist das Verhältnis der Löhne zu den Nicht-Lohneinkommen in Österreich seit den Siebzigerjahren deutlich gesunken. Und während die „Jahreseinkünfte der ausschließlich selbstständig Erwerbstätigen" 2007 (die aktuellste Angabe, Stand Jänner 2012) im Schnitt 23.500 Euro betrugen, brachten es die „adaptierten Bruttojahreseinkommen der ausschließlich unselbständig Erwerbstätigen und Pensionisten", wie in den Daten der Statistik Austria nachzulesen, nur auf 19.410 Euro.[5]

Lohnarbeit zwischen Kooperation und Konkurrenz

Lohnarbeit stellt ein Herrschaftsverhältnis dar, was nicht heißt, dass die Lohnabhängigen zur Gänze zu ihrer Arbeit gezwungen werden. Menschen beziehen sich selbst in der Lohnarbeit positiv aufeinander und erleben dadurch auch eine gewisse Befriedigung in ihrer Tätigkeit. Eigenständige Kooperation und Problemlösungsfähigkeit der Lohnabhängigen, die nicht nur durch Zwang, sondern durch ein Bedürfnis nach sozialer Einbindung und Selbstverwirklichung motiviert sind, das zeigen empirische Studien, sind für die Aufrechterhaltung der Produktion wesentlich. Nur deshalb kann „Dienst nach Vorschrift" ein Mittel des Arbeitskampfes sein.

4 http://portal.wko.at

5 http://www.statistik.at/web_de/statistiken/soziales/personen-einkommen/allgemeiner_einkommensbericht/index.html

Die übliche Rechtfertigung für die besondere Statusposition der Unternehmer (und noch mehr der Kapitalisten), die sich in entsprechendem Einkommen niederschlägt, ist, dass sie angeblich ein besonderes Risiko auf sich nähmen oder größere Leistung erbrächten. Das ist allerdings Propaganda. Im Allgemeinen müssen Kapitalisten, Unternehmer und Manager umso weniger das Risiko ihres Versagens in der Konkurrenz selbst tragen, je größer das Unternehmen und je höher die Einkommen sind, im Extremfall nach dem Motto „too big to fail".

Schließlich: Die besondere „Leistung" bei Kapitalisten, Unternehmern oder Managern besteht lediglich darin, die Ausbeutung der Lohnabhängigen zu organisieren. Tatsächlich beruht heutiger Wohlstand auf der Arbeit ungezählter Generationen vor uns. Der Produktionsprozess einer Gesellschaft kann überhaupt nur durch das Zusammenwirken einer Vielzahl an Menschen funktionieren, die Zuschreibung individueller „Leistung" ist zumeist willkürlich und eine bloß ideologische Übung.

Das Kapital beziehungsweise die Lohnarbeit als Herrschaftsverhältnis bringt mit sich, dass sich die Höhergestellten auf Kosten der Untergebenen durchsetzen, und das systematisch. Die Konkurrenz zwischen den Kapitalisten und Unternehmern zwingt sie tendenziell (und insbesondere in einer Krise) dazu, möglichst viel aus den Lohnabhängigen herauszupressen, um ihren Status zu erhalten. Die Interessen der Lohnabhängigen und der Kapitalisten beziehungsweise Unternehmer sind daher systematisch entgegengesetzt: was gut ist für das Kapital ist schlecht für die Arbeitenden und umgekehrt. Mehr Profit heißt weniger Lohn, weniger Lohn mehr Profit. Der Kapitalismus ist daher nicht nur Marktwirtschaft, sondern ebenso Klassengesellschaft: unabhängig vom subjektiven Wollen setzt er die Interessen von Kapital und Arbeit gegeneinander.

Dabei sind „Kapital" und „Arbeit" abkürzende Redeweisen für eine feinere Typologie. Ebenso wie man zwischen Unternehmern und Kapitalisten unterscheiden muss, kann man auch nicht alle Lohnabhängigen in einen Topf werfen. Die Lohneinkommen der Manager (noch durch Aktien aufgefettet) und der höheren Angestellten, Staatsbediensteten, Parteifunktionärinnen und gut verdienenden Selbstständigen (Hausärztinnen, Notare, Berater etc.)

erlauben zumeist einen relativ problemlosen Wechsel in die Unternehmerposition und umgekehrt. Man kann diese Gruppe aus gut bezahlten Lohnabhängigen und den meisten Unternehmern daher zur Mittelschicht (zum Kleinbürgertum) zählen.

Zahlenmäßig von großer Bedeutung sind die Verelendeten in den wachsenden Slums der Megacities. Auch Bäuerinnen, Nomaden, Fischer, Jäger und Sammlerinnen sind für das Anliegen Solidarischer Ökonomien und von Commons höchst wichtige Gruppen. Sie verfügen über Produktionsmittel, produzieren jedoch nur eingeschränkt für den Markt und beschäftigen keine Lohnarbeiter.

Lohnarbeit und Profitrate

Die Lohnarbeit ist die Basis der kapitalistischen Wirtschaftsweise, weil Arbeitskraft die einzige „Ware" ist, mit deren Hilfe Profit produziert werden kann. Daher ist sie für das Kapital von entscheidender Bedeutung. Profit entsteht, weil die Entlohnung, der Preis der „Ware Arbeitskraft", nicht dem Preis der von ihr produzierten Güter oder Dienstleistungen entspricht, sondern immer nur dem Betrag, der für die Wiederherstellung der Arbeitskraft notwendig ist. Die Höhe dieses Betrags hängt vor allem von sozialen Kämpfen ab.

Diese Kämpfe drehen sich auch um die Frage, wie viel unbezahlte Arbeit das Kapital für die Reproduktion der Arbeitskraft für sich nutzbar machen kann. Arbeitskräfte müssen ja erst einmal gezeugt, geboren, ernährt und aufgezogen werden, bevor sie sich am Arbeitsmarkt feilbieten und zur Produktion von Profit dienen können. Das bezahlt der Lohn freilich nicht, die Ungleichheit potenziert sich damit über den engen Bereich des Betriebs hinaus. Im sogenannten privaten Haushalt wird der (häufig männliche) Arbeitskörper (nahezu immer von Frauen) repariert und reproduziert. Diese Arbeitsteilung wird auch in den hochentwickelten, kapitalistisch geprägten Gesellschaften nicht aufgehoben, sondern entweder mit Hilfe schlecht bezahlter Migrantinnen (Haushaltshilfen) oder durch enorme Doppelbelastung der Frauen aufrechterhalten.

Lohnabhängige arbeiten also länger als für ihren eigenen Lebensunterhalt notwendig wäre. Ein Teil des gesellschaftlichen Arbeitstages ist unbezahlt. Diese Mehrarbeit schafft, auf der gesellschaftlichen Ebene betrachtet, letztlich den Profit, der sich in Gestalt der verschiedenen Einkommensarten des Kapitals als Unternehmensgewinn, Zinseinkommen, Aktiendividende oder Grundrente zu Buche schlägt. Der Zins ist der Teil des Profits, der als „Preis des Kapitals“ an eine Bank oder einen Investor zurückfließt. Mit ihrem Einkommen kaufen die Lohnabhängigen folglich nur einen Teil des Produkts, das sie selbst hergestellt haben, zurück.

Der Profit, oder genauer gesagt die *Profitrate,* ist der Punkt, um den sich in der kapitalistischen Produktion alles dreht. Die Profitrate drückt das Verhältnis zwischen dem Gesamtprofit und den Kapitalkosten (Ausgaben für Produktionsmittel und Arbeitskräfte) aus. Sinkt sie, so nimmt in der Regel auch der Anreiz zu investieren ab. Entscheidende Bedeutung für die Profitrate haben das Kräfteverhältnis zwischen Kapital und Arbeit und die Entwicklung der Produktivität der Arbeit. Die Profitrate steigt, wenn sich die Produktivität der Arbeit (Output pro Zeiteinheit) schneller erhöht als die Investitionskosten. Sie steigt auch, wenn die Löhne sinken oder wenn härter beziehungsweise länger gearbeitet wird.

Daher ist es für das Kapital von großer Bedeutung, unbezahlte Arbeitskraft, unter anderem auch aus den Commons, für die Reproduktion der Lohnarbeiter heranzuziehen. So wird verständlich, dass sich Klassenkämpfe nicht nur auf Kämpfe zwischen Unternehmern, Kapitalisten und dem Staat auf der einen Seite und – grob vereinfacht – Lohnabhängigen (inklusive Erwerbslose), Bäuerinnen, Nomaden und Verelendeten auf der anderen beziehen. Klassenkämpfe erstrecken sich tatsächlich auf ein viel weiteres gesellschaftliches Feld. Sie waren seit den Anfängen des Kapitalismus und sind bis heute zu einem guten Teil Kämpfe um Commons.

Geld und Konkurrenz - der Drang und Zwang zum Wachstum

Die kapitalistische Wirtschaftsweise beruht nicht nur auf einer enormen und ständig wachsenden Ungleichheit, sie ist auch zutiefst krisenhaft und ökologisch verheerend. Die Wurzel dieser drei Übel liegt in der Wachstumsmechanik des Kapitals. Woher rührt das Wachstum? Zuerst einmal sollte man drei Wachstumsschritte unterscheiden. Erstens zieht das Kapital einen Profit aus den Lohnabhängigen und vermehrt sich damit. Darauf folgt, durch die Konkurrenz erzwungen, der zweite Schritt. Ein mehr oder weniger großer Teil des Profits wird reinvestiert. Kommt es gesellschaftlich zu Netto-Investitionen[6], wächst im dritten Schritt das Gesamtkapital. Weil das Kapital immer den Verbrauch von Stoff und Energien involviert (selbst bei persönlichen Dienstleistungen), wächst mit dem Kapital auch der Ressourcenverbrauch.

Profit zu machen ist ein struktureller Zwang der kapitalistischen Produktionsweise. Das Profitmotiv hat seinen Grund nicht in der Gier und der Rücksichtslosigkeit des Kapitalisten (obgleich ihm solche Charaktereigenschaften gute Dienste leisten und durch Konkurrenz gefördert werden), sondern im *Wachstumsdrang*, der im Geld begründet liegt, sowie im *Wachstumszwang*, vermittelt durch die Konkurrenz. Zweierlei ist kurz gesagt dafür ausschlaggebend: Erstens kann man Geld nicht konsumieren, zweitens universalisiert das Geld Rücksichtslosigkeit und Konflikt.

Marktwirtschaft bedeutet, dass sich der Reichtum in zwei verschiedene Formen aufspaltet: in Geldreichtum einerseits, in konkrete Gebrauchswerte andererseits (die verschiedene menschliche Bedürfnisse befriedigen, vom Dach über dem Kopf bis zum Brot, das wir essen). Diese beiden Reichtumsformen stehen nicht gleichberechtigt nebeneinander, vielmehr ist das Geld den konkreten Gütern und Diensten (den Waren) übergeordnet. Geld kann alles kaufen. Es bedeutet die Macht über die Produktionsmittel und damit über die menschliche Arbeitskraft. Es ist purer, allgemeiner Reichtum.

Der abstrakte Charakter des Geldreichtums ist die Ursache des Drangs zum Wachstum des Kapitals. Denn das Geld findet an sich selbst keine Grenze. Während ein konkretes Bedürfnis auch konkret befriedigt werden kann, ist das „Bedürfnis" nach Geld aus sich heraus grenzenlos. Aus 100 Euro kann man 101 Euro machen, 102 sind besser, 1.000 noch besser und immer so weiter. Deshalb ist die Profitproduktion maßlos, rastlos und (scheinbar) endlos.

Der zweite Mechanismus, der die Profitproduktion erzwingt, ist die Konkurrenz. Die Konkurrenz resultiert notwendig aus den Tauschverhältnissen des Marktes. Ein Unternehmen muss Profit machen, um neue, produktivere Maschinen anzukaufen, Know-how aufbauen zu können, Investitionen in Werbung und neue Pro-

6 Brutto-Investitionen minus Abschreibungen

duktionsstandorte zu tätigen. Um im Marktsystem überleben zu können, ist es für einen Kapitalisten unausweichlich, seinen eigenen Konkurrenzvorteil zu sichern. Dies geschieht am besten, wenn der Profit maximiert und reinvestiert wird. Nur ständiges Wachstum sichert die Konkurrenzfähigkeit. Indem das Geld die Betriebe gegeneinander in Konkurrenz setzt, führt es zu einem Wachstums*zwang* des Kapitals.

Es wäre allerdings falsch, aus dem Wachstum des Kapitals ein Naturgesetz zu machen. Während in der Tat kein Kapitalist den Kapitalismus kontrolliert, so sind die Handlungen der Kapitalisten, Unternehmer und Manager doch bewusst gesetzt. Ihr Handeln soll das Kapitalverhältnis aufrechterhalten. Indem die herrschende Klasse dem Wachstumsdrang und Wachstumszwang Genüge tut, fungiert sie nicht als Exekutor eines unerklärlichen Akkumulationstriebs. Sie sichert vielmehr ihre Statusposition, ihre Herrschaft. Dies treibt sie auch dazu, sich fortlaufend in der Konkurrenz mit den anderen Kapitalisten zu beweisen. Geld kann niemals genug sein, die kapitalistische Statusleiter ist aufgrund des abstrakten Charakters von Geldreichtum nach oben hin offen. Ein Ende ist niemals in Sicht. Um den spezifischen Gesetzen der kapitalistischen Statusleiter zu genügen, ist es notwendig, zu akkumulieren. Daraus folgt das Wachstum.

Weil das Wachstum nicht aus Gier resultiert, sondern die Gier aus der spezifischen Eigenart des Geldes und der kapitalistischen Statusleiter (die aus Einkommensstufen besteht), kann man ihm auch nicht mit Verzicht beikommen, sondern nur mit einer grundsätzlichen Änderung der Produktionsverhältnisse. Eine solche Änderung muss die strukturellen Konflikte und die strukturelle Rücksichtslosigkeit überwinden: durch Ausweitung der Commons und Solidarische Ökonomien.

Ausgewählte Literatur

Heinrich (2012) führt in die Kapitalismustheorie ein. Exner u. a. (2008) analysieren die kapitalistische Wachstumsproblematik. Wilkinson & Pickett (2009) untersuchen die Folgen sozialer Ungleichheit.

Die Produktion der Commons

Durch die sich verschärfende kapitalistische Krise und Anzeichen von politischen Legitimationsproblemen artikuliert sich seit einigen Jahren der Bedarf nach neuen Gesellschaftskonzepten – bei Kapital und Staat ebenso wie bei den sozialen Bewegungen. Sich verändernde Herrschaftsverhältnisse erfordern zudem neue Strategien für soziale Kämpfe. Bevor wir diese komplexe Situation im nächsten Kapitel analysieren, müssen wir uns näher damit beschäftigen, was Commons denn eigentlich sind.

Die wichtigste Antwort darauf lautet: Commons *sind* nicht – Commons *werden gemacht*. Sie entstehen durch Aneignung und Selbstermächtigung immer dann, wenn Menschen etwas für so wichtig halten, dass sie es als ihr Eigenes betrachten, sich darum kümmern und Verantwortung dafür übernehmen; deshalb auch darüber bestimmen wollen, wie diese Ressource genutzt wird. Commons bestehen also immer aus drei Elementen, einer Ressource (die stofflich oder immateriell sein kann), den Menschen, die diese Ressourcen nutzen (in der Literatur häufig Commoners genannt) und dem Aushandlungsprozess darüber, wie diese Ressource genutzt werden soll, also den Aneignungsregeln. Commons sind eine soziale Beziehung und sie entstehen aus einer sozialen Praxis, die wir Commoning nennen, die gemeinsame Sorge um etwas, sei es ein Gemeinschaftsgarten, ein genossenschaftliches Unternehmen oder der freie Internetzugang.

Diese Art sozialer Arrangements unterscheidet sich grundsätzlich von der kapitalistischen Produktion: In ihrer emanzipatorischen Idealform verwirklichen Commons die Überwindung von Privateigentum, Knappheit, Lohnarbeit, Wettbewerb und Markt. Auch wenn in einer kapitalistischen Umgebung Commons nie ganz ohne Geld auskommen, können sie doch eine Orientierung bieten für die Entwicklung nicht kapitalistischer Produktionsweisen. Es entstehen dort kreative „dissidente Praktiken" im Umgang mit Arbeit, Geld und Privateigentum, die über den Kapitalismus hinausweisen. Weil Commons auch die Entscheidungsinstanzen für die Nutzung der Ressourcen umfassen, beinhalten sie tendenziell auch neue, substanziellere Formen der Demokratie. Das ist eine ihrer wesentlichen Stärken in der aktuellen Entwicklungsphase des Kapitalismus, die nicht nur mit einer weiteren Verschärfung der Klassengegensätze und zunehmenden Prekarisierung der Lohnarbeit, sondern auch mit einer Schwächung der Parlamente und einer Zunahme der autoritären Macht kleiner politischer und ökonomischer Eliten einhergeht.

Ursprünglich bildeten sich Commons meist um natürliche Ressourcen, die für die Subsistenz sorgten, wie Acker- oder Weideland, Wälder, Wasser, Fischgründe. Mit dem Übergang zur Industrie- und später zur sogenannten Wissens- oder Informationsgesellschaft traten jedoch andere Ressourcen in den Vordergrund, die – zusätzlich zur Lohnarbeit – dazu beitrugen, die Existenz der Menschen und ihre gesellschaftliche Teilhabe abzusichern. Ein Beispiel sind die öffentlichen Dienstleistungen und Infrastukturen. Commons verloren für die soziale Absicherung an Bedeutung. Mit der Durchsetzung des Neoliberalismus kam es zu einer neuen Welle von Privatisierungen und einer weiteren Schwächung der Commons. Der Neoliberalismus entzog damit vielen Menschen wichtige Teile ihrer Lebensgrundlagen und gab ihnen das Gefühl, keinen Einfluss mehr auf die politischen Entscheidungen, die ihre Zukunft betrafen, nehmen zu können. Die Absicherung durch den Staat erwies sich als trügerisch.

Das war der Auslöser für die Wiederentdeckung der Commons in den sozialen Bewegungen und gleichzeitig einer Ausweitung des Begriffs. Menschen reklamieren heute auch Wohnraum, Wissen, Kulturgüter, Software, öffentlichen Raum oder das Gesundheitssystem und den öffentlichen Verkehr als Commons. Die Bezugnahme auf Commons bedeutet eine wesentliche Veränderung in der Ausrichtung sozialer Kämpfe. Ging es in der globalisierungskritischen Bewegung an der Wende zum 21. Jahrhundert im globalen Norden fast ausschließlich darum, von den Regierungen bessere Regulierungen oder Umverteilung zu fordern, wird nun auch im Norden die Legitimation dieser Regierungen und ihre Fähigkeit solche Regulierungen durchzusetzen, grundsätzlich infrage gestellt. Der Glaube an den Staat hat in manchen sozialen Bewegungen abgenommen, was Phänomene wie die Occupy-Bewegung hervorbringt. Menschen fordern ihre Teilhaberechte ein, sie wollen Angelegenheiten, die für ihr unmittelbares Lebensumfeld von Bedeutung sind, selbst in die Hand nehmen. Wo immer das geschieht, kann das Konzept der Commons als Analyseinstrument herangezogen werden, auch wenn die Menschen selbst diesen Begriff nicht verwenden.

Zudem sind soziale Kämpfe immer auch Praxen des Commoning, die sich rund um immaterielle Ressourcen entfalten wie soziale Beziehungen, Wissen, Deutungen der Welt, Leidenschaften oder auch um Institutionen, die daraus neu entstehen. Indem sich Lohnabhängige Produktionsmittel aneignen, können auch kapitalistische Betriebe Commons werden, woraus sich eine direkte Verbindung mit dem Diskurs Solidarischer Ökonomie ergibt.

Es hängt also nicht von der Art der Ressource ab, ob sie ein Commons ist oder nicht, sondern das Unterscheidungskriterium ist die Art und Weise, wie damit umgegangen wird. Daher wird es im Folgenden nicht darum gehen, Commons zu definieren, denn was jeweils ein Commons wird, bestimmen die Menschen, die es herstellen, nutzen und bewahren wollen. Wir wollen hier vielmehr der Frage nachgehen, wie etwas zu einem Commons werden kann und wodurch sich die Produktion von Commons von der kapitalistischen Produktion unterscheidet.

Die liberale Ökonomie und die angebliche Tragödie der Commons

Die liberale Ökonomie baut auf dem Menschenbild des Homo oeconomicus auf, des eigennützigen Individuums, das immer danach strebt, seinen persönlichen Nutzen zu maximieren, indem es bei allen Entscheidungen „Kosten" und „Nutzen" gegeneinander abwägt. Auf dieses theoretische Konstrukt berief sich Garret Hardin, als er 1968 in der Zeitschrift *Science* unter dem Titel „The Tragedy of the Commons" argumentierte, dass die Allmende notwendigerweise durch Übernutzung zerstört werde. Folgendes Beispiel diente der Veranschaulichung: Mehrere Schäfer treiben ihre Schafe auf eine gemeinsame Weide. Sie sind als egoistische Individuen gezeichnet, die völlig isoliert voneinander existieren und nicht miteinander kommunizieren. Versucht nun jeder Schäfer seinen kurzfristigen

Nutzen (genauer gesagt: seine Einnahmen) zu maximieren, so muss er so viele Schafe wie möglich auf die Weide treiben und diese würde innerhalb von kürzester Zeit überweidet und zerstört. Daraus schloss Hardin, der beste Schutz vor Übernutzung natürlicher Ressourcen sei deren Privatisierung, denn nur durch die Vermittlung über den Markt könnte sich individuell egoistisches Verhalten zu gesamtgesellschaftlichem Nutzen summieren.[7]

Der Hauptfehler Hardins war, dass er die Allmende als eine Art Niemandsland begriff, wo es keine Regeln gäbe und jeder tun und lassen könnte, was er wollte. Er beschrieb also keine Allmende, sondern ein sogenanntes Open-Access-Gut, ein Gut, zu dem alle freien und nichtregulierten Zugang haben. Tatsächlich ist gerade die Art gemeinschaftlicher Nutzungsregelung, die „Verfassung der Allmende", wie der Titel eines Buches der Commonsforscherin und Nobelpreisträgerin Elinor Ostrom heißt, ihr herausragendes Charakteristikum.

Bei freiem Zugang würde nämlich vorausschauendes Verhalten eines Schäfers durch die wechselseitige Abhängigkeit den anderen Schäfern auch dann nutzen, wenn diese sich ihrerseits nicht vorausschauend verhielten. Dieses Phänomen, dass Menschen von den Handlungen anderer profitieren, ohne selbst etwas dazu beizutragen, wird als „Trittbrettfahrereffekt" bezeichnet. Nach Ansicht von Ökonomen spielt dieser Effekt immer dann eine Rolle, wenn es schwierig ist, andere von der Nutzung einer Ressource auszuschließen. Die Frage der Ausschließbarkeit ist für die ökonomische Commons-Diskussion eine wichtige, denn entsprechend der liberalen Gütertheorie sind vor allem jene Ressourcen als Commons zu organisieren, bei denen es schwierig ist, andere von der Nutzung auszuschließen und solche, die durch die Nutzung weniger werden, wie die meisten natürlichen Ressourcen. Deshalb beschäftigen sich liberale Commons-Forscher wie Ostrom hauptsächlich mit derartigen Commons. Ausschließbarkeit wird von ihnen als Eigenschaft der Ressourcen verstanden. Tatsächlich jedoch hängt die Frage, ob jemand von der Nutzung eines Gutes ausgeschlossen werden kann, ab von den

7 Hardin schlägt zwar auch staatliche Steuerung als eine Alternative vor, eine solche ist aber aus der Sicht liberaler Ökonomie nicht wünschenswert.

technischen Möglichkeiten, von den „Kosten", die jemand bereit ist, dafür aufzubringen, und insbesondere von den gesellschaftlichen Machtverhältnissen.

Die Verfassung der Allmende

Hardins Schlussfolgerung stieß aber selbst innerhalb der liberalen Ökonomie auf Kritik. Elinor Ostrom stellte sich die Aufgabe, zu zeigen, dass die übliche Version des Homo oeconomicus-Konstrukts und daran anschließende Verhaltensmodelle zu stark vereinfachen und daher nicht geeignet sind, menschliches Verhalten zu erklären. Im realen Leben reden Menschen miteinander, sie unternehmen Anstrengungen, um ihre Ressourcen zu erhalten, und sie sind in der Lage, entsprechende Nutzungsregeln zu entwickeln. Wenn Ostrom in ihrem Hauptwerk von der „Verfassung der Allmende" spricht,[8] weist das deutlich darauf hin, dass es sich bei Commons nicht um Dinge handelt, auch nicht um ein ausschließlich ökonomisches Thema, sondern um ein komplexes Regelsystem, im Grunde um die Verfasstheit von Gesellschaft selbst.

Ostrom hat Allmende-Institutionen untersucht, die es schon seit vielen, manchmal bereits seit mehreren hundert Jahren gibt und die vor allem Aufschluss darüber geben können, wie solche Regelungen langfristig überleben, wie das entsprechende Verhalten über Generationen sichergestellt werden kann und wie es den Nutzern gelingt, ihre Regeln an sich ändernde Umweltbedingungen anzupassen. Sie hat aber auch die Entstehungsprozesse neuer Commons-Regelungen verfolgt und daraus Schlüsse gezogen, unter welchen Bedingungen Menschen die Mühen der Selbstorganisation auf sich nehmen, um eigene Bereitstellungs- und Nutzungsregeln für Commons zu entwickeln.

Nach Ostrom hängt die Funktionsweise von Commons nicht nur von der Art der Ressource ab, sondern auch von geografischen, klimatischen und kulturellen Gegebenheiten. Sie beschrieb jedoch bestimmte Rahmenbedingungen, die ihren Forschungen nach bei all den Institutionen, die lange Zeit überlebt haben, gegeben waren und hat daraus sogenannte Bauprinzipien von Commons abgeleitet.

8 Desgleichen der englische Titel „Governing the Commons".

Das bedeutet nicht, dass diese Bedingungen im normativen Sinn notwendig sind, damit man von einem Commons sprechen kann. Ostrom meint damit, dass unter diesen Bedingungen gute Chancen für die Schaffung und Erhaltung von Commons bestehen.

Bauprinzipien langlebiger Allmende-Institutionen

1. Klar definierte Grenzen – der Nutzungsberechtigten (Aneigner) und der Ressource.
2. Die Bereitstellungs- und Aneignungsregeln müssen den lokalen Bedingungen angepasst sein.
3. Arrangements für kollektive Entscheidungen – die meisten Personen, die von Regeln betroffen sind, können über deren Änderung mitbestimmen.
4. Überwachung – entweder durch die Aneigner selbst oder durch von diesen bevollmächtigte Personen, die ihnen rechenschaftspflichtig sind.
5. Abgestufte Sanktionen – entsprechend der Schwere und dem Kontext des Vergehens, umgesetzt von den Aneignern selbst oder bevollmächtigten Personen.
6. Konfliktlösungsmechanismen mit raschem und kostengünstigem Zugang.
7. Minimale Anerkennung des Organisationsrechtes – wird von den staatlichen Behörden respektiert, erlangt bestenfalls Gesetzesstatus.
8. Für größere Allmende-Ressourcen: Eingebettete Unternehmen: Aneignung, Bereitstellung, Überwachung, Konfliktlösung und Verwaltungsaktivitäten sind in Unternehmen organisiert, die in mehrere Ebenen eingebettet sind. (vgl. Ostrom 1998: 117f.)

Ostrom verlässt bei all ihren Arbeiten nie den Argumentationsrahmen der liberalen Ökonomie, berücksichtigt jedoch Institutionen und verwendet komplexe Verhaltensmodelle. Sie hat gezeigt, dass selbst unter den Annahmen der liberalen Ökonomie Commons nicht als vorherbestimmte Tragödie abqualifiziert werden können, allerdings ohne dabei das kapitalistische System als solches infrage zu stellen. Die Einbettung der Commons in das Marktsystem, das der Logik der Commons diametral gegenübersteht, wurde von ihr nicht problematisiert.

Das macht ihre Forschungsarbeit in der aktuellen Krisensituation interessant, die zu einer neuen Schwerpunktsetzung in der herrschenden ökonomischen Lehre drängt. Im selben Ausmaß nämlich, wie die Legitimität des Neoliberalismus infrage gestellt wird und auch seitens der ökonomischen Wissenschaft eine Reaktion auf die Vielfachkrise notwendig ist: auf öffentliche Proteste und Diskussionen rund um Klimawandel, Peak Oil oder die zunehmende soziale Spaltung. Vor diesem Hintergrund ist die Verleihung des Nobelpreises an Elinor Ostrom zu verstehen. Commons werden hier vor allem als Methode für sogenanntes nachhaltiges Ressourcenmanagement gesehen und als eine Möglichkeit, das kapitalistische System auf eine erneuerte moralische Basis zu stellen.

Dem liberalen Menschenbild entsprechend werden dabei Commons-Institutionen wiederum als Ergebnis von individuellen „Kosten-Nutzen-Kalkülen" verstanden, die von gleichberechtigten und grundsätzlich isoliert gedachten Individuen vorgenommen werden. Dabei wird nicht nur übersehen, dass Kosten (eine objektive Geldgröße) und Nutzen (eine Vielfalt ganz unterschiedlicher subjektiver Wahrnehmungen) überhaupt nicht verglichen und damit auch nicht gegeneinander abgewogen werden können. Auch Herrschaftsbeziehungen werden ausgeblendet. Daher reicht der Bezug auf Ostrom nicht aus, um ein emanzipatorisches Konzept von Commons zu entwickeln. Nichtsdestoweniger erkannte Ostrom – im Gegensatz zu Hardin – eine wesentliche Existenzbedingung von Commons: Menschen interagieren darin nicht in Form des Marktes, sondern in reziproken Beziehungen.

Tausch versus Reziprozität

In jeder Gesellschaft kommt es zu einem Stoffwechsel zwischen Menschen. Güter und Dienstleistungen werden von den einen für die anderen erbracht, es entsteht eine Arbeitsteilung. Dieser gesellschaftliche Stoffwechsel nimmt im Verlauf der Geschichte unterschiedliche Formen an. Der Wirtschaftshistoriker Karl Polanyi unterscheidet vier Hauptformen des gesellschaftlichen Stoffwechsels: Reziprozität oder Wechselseitigkeit, Redistribution (Umverteilung), Haushaltung (Subsistenz) und den Tausch. In der kapitalistischen Gesellschaft ist der Tausch die dominante Form des Stoffwechsels.

Dies war jedoch nicht immer so, wie der Soziologe Marcel Mauss in seinem wichtigsten Werk „Die Gabe" (1925) beschreibt.

Der Tausch auf dem kapitalistischen Markt ist durch den Austausch gleichwertiger Güter abgeschlossen, er zieht keine weitergehende Verpflichtung nach sich und kann daher keine langfristigen Beziehungen herstellen. Der Andere ist im Tausch nur das Vehikel für ein Tauschgut (Ware, Geld), ein Privateigentümer, er selbst wird nicht als Mensch in Betracht gezogen. Im Unterschied dazu dient Reziprozität wie etwa in Systemen der wechselseitigen Gabe, die zuerst in traditionellen Gesellschaften des Pazifik beschrieben worden sind, nicht nur der Verteilung der Güter, sondern sie hat auch einen sozialen Sinn. Reziprozität dient nämlich zugleich der Herstellung von Beziehungen und damit von sozialem Zusammenhalt überhaupt. Die einzelne Gabe ist in solchen Systemen Teil einer sozialen Struktur, worin sich Menschen in regelmäßiger Weise aufeinander beziehen, miteinander in Kontakt treten. Reziproke Beziehungen sind nicht notwendigerweise auf zwei Personen beschränkt und bestehen nicht unbedingt im Austausch eines materiellen Gutes, wiewohl dies einen wichtigen Aspekt von Wechselseitigkeit darstellt. Reziprozität ist nicht nur eine Form des gesellschaftlichen Stoffwechsels, sondern zugleich die Produktion von sozialen Beziehungen, von Gefühlen und ethischen Normen, die sich von denen, die durch Äquivalenztausch entstehen, fundamental unterscheiden.[9] Beziehungen der Reziprozität sind jedoch nicht notwendigerweise herrschaftsfrei, wie etwa eine patriarchale Ehe zeigt.

Vorkapitalistische Gesellschaften, die auf reziproken Beziehungen aufbauen, waren gekennzeichnet von der Einheit von Ökonomie, Religion, Kultur, Ästhetik, Politik und Moral. Erst mit der Durchsetzung des Tausches als dominierende Form des gesellschaftlichen Stoffwechsels entstand dafür eine eigene Institution, der Markt, und eine ihm zugeordnete gesellschaftliche Sphäre: die Öko-

9 Äquivalenztausch bedeutet, Gleiches wird gegen Gleiches getauscht. Die Produkte sind indes konkret gar nicht vergleichbar, erst der Tausch setzt sie „gewaltsam", wie Karl Marx schreibt, gleich. Die Gleichheit besteht darin, dass sie als qualitativ unterschiedslose Produkte abstrakter Arbeit gelten und sich als solche allesamt gegen Geld austauschen.

nomie. Sie beginnt nun alle anderen Formen menschlicher Interaktion und der Produktion und Verteilung von Gütern zu beherrschen.

Moderne kapitalistische Gesellschaften sind in viele relativ unabhängige Sphären fragmentiert, von Kunst über Religion, Familie bis hin zu Wissenschaft und Politik. Diese Sphären bilden so etwas wie ein soziales Ökosystem, in dem das Subsystem von Markt und Tausch allen seinen Stempel aufdrücken kann, wie es Bob Jessop analysiert. Die überragende Fähigkeit der kapitalistischen Produktionsweise, die Gesellschaft zu bestimmen, beruht auf ihrer besonderen Komplexität und Flexibilität, die sich wesentlich dem Tausch verdankt. So gibt es viele verschiedene Möglichkeiten, das Ziel des Tausches, den Profit, zu erreichen. Tauschverhältnisse können sich leicht räumlich und zeitlich komprimieren oder ausweiten. Lokale ökologische oder soziale Gegebenheiten werden bestmöglich dem Ziel der Profitproduktion angepasst und dafür ausgenutzt. Wesentlich ist zudem die Fähigkeit des Tausches, von ihm abweichende Handlungslogiken miteinander zu verknüpfen, sodass andere Sphären und deren Akteure sich darauf ausrichten, die Stabilität des Tauschprinzips und der von ihm bestimmten Marktwirtschaft zu erhalten.

Kollektives Handeln mit dem Ziel individueller Bedürfnisbefriedigung

Commons beruhen auf Reziprozität, die ein sehr weites Feld gesellschaftlicher Praxen umfasst. Man könnte Commons so betrachtet als Antithese zum Tausch verstehen. Sie existieren nicht unabhängig von den Commoners, die sie erst durch ihr Commoning, das heißt durch reziprokes Handeln, herstellen. Sollen Commons die vom Markt dominierte Gesellschaft perspektivisch ablösen, so erfordert das einen sozialen Prozess, in dessen Verlauf Menschen die strukturelle Rücksichtslosigkeit und Konflikthaftigkeit der Marktwirtschaft überwinden und Reziprozität aufbauen können. Wenn es sich um herrschaftsfreie Beziehungen handeln soll, so müssen Commons die wechselseitige Befriedigung der Bedürfnisse aller Beteiligten unterstützen, und zwar auf gleicher Augenhöhe.

In schon lange bestehenden Commons sind die ausschlaggebenden Regeln nicht immer explizit formuliert oder bewusst. Häufig handelt es sich vielmehr um Wissen, Einstellungen und Verhaltensweisen, die in der Sozialisation übernommen und daher von den

Mitgliedern einer Gemeinschaft unhinterfragt geteilt werden. Was dabei unsichtbar bleibt ist, wie diese Regeln vor oft langer Zeit entstanden sind, wer im Prozess der Herausbildung einer konkreten Gemeinschaft aller ausgeschlossen wurde und welche Hierarchien als scheinbar natürliche Ordnung in den Regeln implizit enthalten sind.

Begreift man Commons zugleich als das Ergebnis und die Bewegungsform der Beziehung der Reziprozität[10], so gibt es keinen Grund, Maschinen, Gebäude oder Werkzeuge nicht als Commons anzusehen, wenn deren Nutzung auf Beziehungen der Reziprozität beruht. Von daher lässt sich eine Brücke schlagen zum Diskurs und zur Praxis der Solidarischen Ökonomien. Beispielsweise verwalten und nutzen die Mitglieder einer Kooperative die Produktionsmittel als ein Gemeingut, ein Commons.

Auch in einer Kooperative gibt es viele „ungeschriebene Regeln", die entweder Herrschaft fortführen oder abschwächen. Man hat diesen Aspekt, der letztlich den Charakter Solidarischer Ökonomien bestimmt, mit dem Begriff des „Genossenschaftsgeistes" beschrieben. Davon abgesehen können formale Regeln verschieden ausgelegt werden. So ist, was auf den ersten Blick zum Beispiel wie eine demokratische Betriebsverfassung aussieht, in der gelebten Realität womöglich das Gegenteil.

Commons stellen also keinesfalls eine harmonische Idylle dar. Vor allem die Herstellung von Commons, der Prozess der Regelfindung, ist häufig langwierig und konfliktreich – insbesondere, wenn die Commoners in keiner Commons-Gesellschaft leben, sondern in Mehrheiten und Minderheiten, patriarchale Männer und Frauen, Eliten und Fußvolk usw. aufgespalten sind. Weil Commons in eine herrschaftliche Gesellschaftsordnung eingebettet sind, kommen dazu noch Aushandlungsprozesse und Aneignungsregeln in ihren Außenbeziehungen, sowohl gegenüber profitorientierten Unternehmen als auch gegenüber Stadt- und Staatsregierungen.

Entwickelt sich die Konfliktlinie zwischen Markt und Commons hauptsächlich entlang der Frage von Tausch und Lohnarbeit,

10 Beziehungen sind reziprok und Reziprozität ist der Kern von Beziehung, insofern ist der Ausdruck genau genommen ein Pleonasmus in der Art des „weißen Schimmels".

so steht beim Verhältnis zwischen Commons und Staat eher die Frage der politischen Kontrolle im Mittelpunkt. Hier werden die Fragen, wer die Regeln macht, wer Zugang zu Ressourcen hat und wer über ihre Verwendung (mit-)bestimmen kann zum Knackpunkt. Damit eng verknüpft ist die Frage nach dem Privateigentum, dessen Schutz die wichtigste Aufgabe des kapitalistischen Staates ist. Die von Ostrom definierten Prinzipien, wonach die Nutzerinnen eines Commons die Regeln für dessen Aneignung selbst entwickeln, die Einhaltung selbst kontrollieren und auch die Sanktionen bei Regelverstößen selbst setzen müssen, können hier als Leitlinie für die Unterscheidung zwischen Commons und dem Staat dienen. Regierungen können freilich Räume bereitstellen für Aushandlungsprozesse, Menschen können sogar die Kontrolle über öffentliche Mittel erhalten, wie Bürgerhaushalte zum Beispiel in Porto Alegre und Mexico City oder die Kommunalen Räte und Städte in Venezuela zeigen.

Stets ist dabei die Gefahr der Kooptierung, der Auslagerung von Staatsaufgaben an die Commoners, gegeben. In der Übergangsphase zu einer vollständigen Commons-Gesellschaft sind staatliche Regulierungen sinnvoll und notwendig. Die Trennlinie zwischen der Selbstbestimmung förderlichen Regulierungen und dem neoliberalen Leitbild der Governance kann ziemlich dünn sein. Denn in diesem Konzept versucht der Staat die Beteiligten für die selbstorganisierte Stabilisierung der Marktwirtschaft einzuspannen. Selbst die Aushandlung der Regeln durch die Nutzergruppe kann nicht verhindern, dass Herrschaftsbeziehungen, die auch in vielen Commons wirken, als naturgegeben erscheinen. Denn sie erwachsen dann ja scheinbar wie von selbst aus der Gemeinschaft der Commoners. So sind etwa die von Ostrom als Beispiel herangezogenen Almweiden in der Schweiz seit alters her in ein patriarchales System eingebettet und schließen sich auch heute noch rigide gegen „Außenseiter" und „Außenstehende" ab.

Ob ein Commons die Handlungsmöglichkeiten seiner Nutzerinnen erhöht und damit das Potenzial für eine Emanzipation aus den kapitalistischen Unterordnungsverhältnissen hat oder ihre Anpassungsfähigkeit an das Marktsystem erhöht, kann nur im Einzelfall geklärt werden. Meist werden, mit unterschiedlichem Gewicht, beide Effekte gleichzeitig auftreten.

Über Ostrom hinaus – Grundzüge eines emanzipatorischen Commonsbegriffs

Um das emanzipatorische Potenzial der Commons zu entwickeln und ihre Bedrohung zu verstehen, müssen wir sie im Kontext der Klassengesellschaft mit ihren Herrschaftsbeziehungen betrachten.

Commons sind nicht notwendigerweise auch ein herrschaftsfreier Raum. Durch die bloße Veränderung der Produktionsverhältnisse hin zur Reziprozität werden nicht automatisch andere Herrschaftsverhältnisse aufgehoben. Diese Aspekte müssen in die Nutzungs- und Ausschließungsregeln eingehen und sind daher Teil der Auseinandersetzungen in den Commons und um die Commons. Die Anforderung, dass Nutzerinnen die Regeln selbst festsetzen, und die Notwendigkeit, Grenzen zu definieren, erlaubt auch nationalistische und rassistische Interpretationen. Werden solche Fragen nicht offensiv angesprochen, besteht die Gefahr, Hierarchien entlang von Geschlecht, Ethnizität oder Religion zu reproduzieren.

Macht ist, gerade wenn es um den Anspruch einer gleicheren Gesellschaft geht, häufig ein verpönter Begriff, etwas, das es zu überwinden gelte. Dabei wird Macht mit Repression und Gewalt gleichgesetzt. Michel Foucault hat demgegenüber auf das produktive Potential der Macht hingewiesen. Macht auszuüben bedeutet gestalten zu können, sich selbst und die Welt, die einen umgibt. Macht bedeutet, die Handlungen anderer Menschen beeinflussen zu können und ist daher notwendig, wenn wir unsere Welt verändern wollen. Diese Art der Macht wird häufig als „Macht zu“ bezeichnet. Darauf beziehen sich Begriffe wie Empowerment oder Selbstermächtigung, die in der Commons-Diskussion einen wichtigen Stellenwert haben. Manche Autorinnen nennen dies die konstituierende Macht, ein endloses schöpferisches Potential, das die jeweils herrschenden Regeln immer wieder aufbricht und überschreitet.

Eine andere Form von Macht ist die „Macht über“, die sich über andere Menschen stellt und die Möglichkeit hat, anderen den eigenen Willen aufzuzwingen. „Macht über“ andere bezeichnen wir in diesem Buch – in Übereinstimmung mit Foucault – als Herrschaft. Im Gegensatz zur konstituierenden Macht wird Herrschaft als konstituierte Macht bezeichnet, die sich vor allem in staatlichen Institutionen verkörpert. Solche Machtformen gilt es zu überwinden, wenn wir eine solidarische Gesellschaft errichten wollen. Der Slogan „Die Welt verändern ohne die Macht zu übernehmen“[11] müsste also genau genommen heißen, „die Welt verändern ohne die Macht über andere oder die Herrschaft zu übernehmen“. Dagegen ist die Selbstermächtigung, also das Erlangen von „Macht zu“, geradezu eine Voraussetzung für das Vorhaben der Weltveränderung. Für das Erlangen dieser Macht spielen Commons eine zentrale Rolle, sie stehen daher im Mittelpunkt sozialer Auseinandersetzungen.

Commons als Ort des Widerstandes

Das emanzipatorische Potenzial der Commons liegt einerseits in ihrer nichtkapitalistischen Produktionsweise, andererseits darin, dass die beteiligten Menschen dadurch eine gewisse Unabhängigkeit vom jeweiligen Herrschaftssystem erlangen.

Commons waren nie nur Mittel, um den Menschen ihren Lebensunterhalt zu sichern, sondern immer auch ein Ort, an dem man zusammenkam, Fragen und Probleme besprach und sich mitunter organisierte, um sich der Willkür der Herrschenden zu widersetzen. Hier war der Ort, wo Menschen gemeinsame Problemlösungen entwickeln konnten, aber auch Aufstände vorbereiteten. Die Commons dienten oft noch als Treffpunkte, wenn sie als Weiden schon nicht mehr genutzt wurden. Commons waren ein Ort relativer Autonomie vom Herrschaftssystem.

Solche Orte waren nicht nur das gemeinsam genutzte Land, sondern auch die Wasserstelle, der Kirchplatz am Sonntagvormittag, der Waschplatz im Dorf, die Bassena und später die gemeinsame Waschmaschine im Siedlungshaus. An all diesen Plätzen trafen Menschen zusammen, konnten ihre Meinungen austauschen und Interessen abklären. Es waren Orte, wo man Unterstützung finden konnte, natürlich auch Orte, wo es zu Konflikten kam. Mit zunehmendem Warenkonsum waren die Menschen nicht mehr auf die gemeinsam genutzten Ressourcen angewiesen. Es war außerdem einfacher, die Dinge selbst zu besitzen, um die Planung des zunehmend von der industriellen Produktion disziplinierten Tagesablaufs leichter zu bewerkstelligen. Der Rückzug ins Private ging einher mit einer

11 So der Titel eines Buches von John Holloway.

Kommerzialisierung öffentlicher Räume. Dadurch ging auch der Raum verloren, wo Menschen aktuelle Fragen miteinander besprechen oder sich organisieren konnten. Stattdessen suchte man nach privaten Lösungen in der Familie oder im engeren Freundeskreis. Dieser Trend verschärfte sich noch einmal im Zuge des Neoliberalismus. Durch die Kürzung öffentlicher Ausgaben kam es zu einer Privatisierung in zwei Richtungen: Profitträchtige Dienstleistungen oder Infrastrukturen wurden zu Anlagesphären des Kapitals und was sich nicht über den Markt erbringen ließ, meist Erziehungs- und Pflegetätigkeiten, wurde in den privaten Raum der Kleinfamilie abgeschoben und landete dann meist wieder im Aufgabenbereich der Frauen.

Durch die Isolation in Privathaushalten verliert die unbezahlte Reproduktionsarbeit ihr emanzipatorisches Potenzial. Denn unter diesen Bedingungen wird sie ihrerseits von der Lohnarbeit einzelner Haushaltsmitglieder abhängig und schafft innerhalb der Haushalte Macht- und Abhängigkeitsverhältnisse. So kann sie leicht zur Reproduktion von Arbeitskraft und gefügigen Staatsbürgerinnen kooptiert werden. Erst durch einen Zusammenschluss von Menschen und ihren Haushalten können solche Tätigkeiten die Form von (emanzipatorischen) Commons annehmen.

Hier wird das Schwinden der öffentlichen Räume zum Problem. Sie werden kommerzialisiert, zugleich entsteht durch Installation von Überwachungskameras, Einsatz von Sicherheitskräften und durch eine Unzahl von Verboten eine Art „Verstaatlichung". Dadurch wird die Macht der Menschen autonom zu kommunizieren und sich zu organisieren geschwächt. Konflikte werden vor Gericht ausgetragen, Nachbarn kennen einander kaum noch, was zu steigendem Misstrauen, dem Gefühl der Unsicherheit, dem Wunsch nach mehr Kontrolle und zu weiterer Isolierung beiträgt. Vor allem wird die Kooperationsbereitschaft durch die gestiegene soziale Ungleichheit geschwächt. Sie verstärkt die Statuskonkurrenz, die sich über Konsumdifferenzen ausdrückt, freundschaftliche oder solidarische Beziehungen ausdünnt und damit die gemeinsame Aktion großer Gruppen oder kollektive Zielsetzungen erschwert.

Auf diese Probleme nimmt die Occupy-Bewegung explizit Bezug. Es geht darum, Räume zu schaffen, um alternative Methoden der Demokratie zu entwickeln, aus der Angst und Isolierung herauszukommen und sich als Gleiche unter Gleichen sehen zu lernen. Auch die Besetzung von Universitäten oder Räumen für autonome Zentren geht in diese Richtung. Wir können ein emanzipatorisches Konzept von Commons nur fassen, wenn wir erkennen, dass es dabei nicht nur um eine spezifische Produktionsweise geht, sondern immer auch um die Erlangung von Autonomie, um die Emanzipation von Herrschaftsverhältnissen allgemein, nicht nur vom Kapitalverhältnis (das freilich selbst nicht bloß eine ökonomische Beziehung im üblichen Sinne ist, sondern Rassismus, Patriarchat und andere Herrschaftsverhältnisse umfasst und integriert).

Dieses emanzipatorische Potenzial des Commoning schlägt die Brücke zwischen dem Commons-Diskurs und dem Diskurs der Solidarischen Ökonomie. Zwar besteht kein Zweifel daran, dass es sich bei den Produktionsmitteln in einem kapitalistischen Betrieb nicht um Commons handelt. Sie befinden sich nicht im Eigentum der Menschen, die sie nutzen (der Lohnabhängigen), sondern stehen in der ausschließlichen Verfügungsgewalt der Eigentümer. Während ein kapitalistischer Betrieb nach außen hin auf den Markt ausgerichtet ist, gilt das jedoch nicht unbedingt für die Beziehung der Lohnabhängigen untereinander, insbesondere wenn es sich um Menschen derselben Rangstufe handelt. Hier finden wir auch eine Reziprozität in Form des kollektiven Teilens, die eine Art von Commoning darstellt und bestimmte Ressourcen, nämlich Gefühle, Normen und Wissen, hervorbringt (etwa um den Produktionsapparat; ein Wissen, das im gegebenen Fall als Grundlage für einen Streik dient). Es ist daher kein Zufall, dass sich die handlungsleitenden Gefühle und Normen der klassischen Arbeiterbewegung – der damals herrschenden Auffassung folgend – aus der Praxis im Betrieb ableiten: der für sie zentrale Bezugspunkt der Solidarität ist im Grunde nur ein anderer Begriff für eine symmetrische (ausgewogene, egalitäre) Reziprozität. Ähnliche Erfahrungen kommen aus denjenigen sozialen Bewegungen, die sozusagen die Betriebe durchziehen und das Verhalten der Lohnabhängigen zueinander wesentlich beeinflussen können. Dazu gehört unter anderem eine spezifische Arbeiterinnen- und Arbeiterkultur, die sich etwa im Leben einer Stadt entfaltet und nicht nur ein Commons, nämlich bestimmte kulturelle Formen und Ressourcen, herstellt, sondern auch Praxen des Commoning erfindet, weitergibt, stärkt und entwickelt. Diese können wie jedes Commons weitergehende soziale Kämpfe gegen das Kapital unterstützen.

Geschichte und Begriff der Solidarischen Ökonomie

Der Begriff der Solidarischen Ökonomie ist von Luis Razeto in den Achtzigerjahren in Chile geprägt worden. Er versuchte das Paradox zu verstehen, dass arme Menschen trotz ihres Mangels an Ressourcen und ihrer sozial schwachen Position unter bestimmten Bedingungen wirtschaftlich erfolgreich sein können. Razeto meinte, dies gelinge mit Hilfe des „Faktors C", worunter er die folgenden in Spanisch mit dem Buchstaben C beginnenden Begriffe verstand: Kooperation, Gemeinschaftlichkeit, Kollektivität, Koordination, Zusammenarbeit. Razeto betonte im Gegensatz zur Zunft der Ökonomen, es müsse kein Widerspruch zwischen Ökonomie und Solidarität bestehen. So nannte er die Art des Wirtschaftens, die den Armen bescheidenen Erfolg ermöglichte, eine Solidarische Ökonomie. Razeto beschreibt damit eine neue wirtschaftliche Rationalität, die in allen Phasen des wirtschaftlichen Zyklus wirksam werden und auch in die Wirtschaftstheorie integriert werden soll. Diese Rationalität soll jedoch den Tausch nicht überschreiten, sondern ihn lediglich ergänzen und die Elemente von Solidarität, die es bereits in der heutigen Wirtschaftsordnung gibt, ausweiten. Solidarwirtschaft ist nach Razeto nicht als Negation der Marktwirtschaft oder als Alternative zu den Unternehmen zu verstehen, genauso wenig ist sie allerdings ihre einfache Reaffirmation.

Im Zuge der ökonomischen Krise der Achtzigerjahre in Brasilien erlebten Formen der solidarischen Arbeit einen Aufschwung. In den Neunzigerjahren entstand ein Netzwerk von Organisationen aus den Bereichen Kirche, Gewerkschaften, Universitäten und Genossenschaftswesen, die diese Betriebsformen unterstützten. Das Weltsozialforum in Porto Alegre im Jahr 2001 führte zur Intensivierung der Vernetzung und so gründete die brasilianische Regierung 2003 ein eigenes Staatssekretariat für Solidarische Ökonomie (SENAES).[12] Eine wesentliche Aktivität des Staatssekretariats war

12 http://portal.mte.gov.br/ecosolidaria/secretaria-nacional-de-economia-solidaria/

und ist die Kartierung Solidarischer Ökonomien. Das Ziel dabei ist, Solidarische Ökonomien und ihre Zusammenhänge sichtbar zu machen, um sie gesetzlich und mit Förderungen zu unterstützen.

Im Rahmen dieses Prozesses entwickelte sich ein geteiltes Verständnis von Solidarischen Ökonomien, das der Staat schließlich über das Sekretariat festschrieb. Anders als im Fall der Commons lässt sich bei den Solidarischen Ökonomien also eine weitergehende Vereinheitlichung des Begriffsverständnisses ausmachen. Die Kartierung dieser Projekte, die weit vorangeschritten ist, setzt eine Definition voraus, die de facto eine bestimmte Perspektive relativ festschreibt. Solidarische Ökonomien zeichnen sich in diesem Ansatz durch vier Merkmale aus: durch ihren Beitrag zum Lebensunterhalt, durch Selbstverwaltung, Kooperation sowie durch solidarische Beziehungen zur Gesellschaft. Dabei werden wesentliche Formen der Reziprozität ausgeschlossen, namentlich die Freie Software-Produktion.

Selbstverwaltung bedeutet, dass sich die Produktionsmittel im kollektiven Eigentum befinden, Kooperation verweist auf die egalitäre Struktur der Entscheidungsfindung im Projekt oder Betrieb. Solidarische Beziehungen zur Gesellschaft können sich durch Mitarbeit in übergeordneten Verbänden und Plattformen ausdrücken. Auch die Bildung solidarischer Produktionsnetze und -ketten fällt darunter. Solidarische Netze bezeichnen gemeinsame Aktivitäten auf derselben Verarbeitungsstufe, häufig sind zum Beispiel gemeinsame Vermarktungsstrukturen, während solidarische Produktionsketten unterschiedliche Verarbeitungsstufen sozusagen vertikal integrieren.

Da diese Konzeption Solidarischer Ökonomie den Markt nicht ablehnt, bleibt die Reziprozität im Kern auf den Binnenraum ihrer Projekte und Betriebe beschränkt. Die Außenbeziehungen sind dagegen vom Tauschprinzip oder – in Form staatlicher Unterstützung – von der Redistribution beherrscht. Dieser Widerspruch soll durch die Herstellung von solidarischen Außenbeziehungen behoben werden, die als ein wichtiges Kriterium Solidarischer Ökonomien gelten. Im Fall von solidarischen Produktionsnetzen und -ketten könnte man durchaus eine solche Solidarität, worin reziproke Außenbeziehungen das Tauschprinzip wenigstens zurückdrängen, verwirklicht sehen. Auch das Netzwerk an Unterstützung, das zugleich mit der Bewegung Solidarischer Ökonomien entstanden ist und solidarökonomische Bildungs- und Beratungseinrichtungen in Form sogenannter Inkubatoren umfasst, ist Teil solcher Außenbeziehungen. Allerdings kann es die Solidarischen Ökonomien nicht davor bewahren, sich letztlich doch in der Konkurrenz am Markt behaupten zu müssen.

Im deutschen Sprachraum wurde die Solidarische Ökonomie vor allem als Transfer des brasilianischen Konzeptes durch Wissenschafterinnen wie Clarita Müller-Plantenberg oder Elmar Altvater bekannt gemacht. Der Kongress zur Solidarischen Ökonomie 2006 in Berlin[13], den das globalisierungskritische Netzwerk Attac wesentlich mitgestaltet hat, brachte der Debatte einen gehörigen Popularitätsschub. Dieser schlug sich in Österreich in einem solidarökonomischen Kongress in Wien 2009[14] nieder und unter anderem in der Gründung einer Kritischen und Solidarischen Universität im Zuge der Studierendenproteste desselben Jahres.[15]

Wie die beiden Kongresse 2006 und 2009 zeigten, rechnet sich eine große Vielfalt an unterschiedlichen Projekten und Ansätzen zur Solidarischen Ökonomie. Selbstverwaltung nimmt dabei nicht denselben Stellenwert ein wie in Brasilien oder auch in der älteren Selbstverwaltungsbewegung in Deutschland. Allerdings stellt der linke Genossenschaftsflügel eine gewisse Verbindung der Selbstverwaltung zur Debatte um die Solidarische Ökonomie dar. Viele explizit marktzentrierte Ansätze zählen sich zur Solidarischen Ökonomie, namentlich Tauschkreise, Regionalwährungen oder die Gemeinwohlökonomie nach Christian Felber.

Ähnlich wie in der brasilianischen Debatte wird im deutschen Sprachraum betont, nicht selten mit Verweis auf den Niedergang der Selbstverwaltungsbewegung der Siebziger- und Achtzigerjahre, dass Solidarische Ökonomien auch einer solidarökonomischen Vernetzung bedürfen, um wirklich eine Alternative zum Kapitalismus bieten zu können. Häufig verbleibt diese Forderung jedoch auf der Ebene der Bildung von Interessensgruppen und politischen Netz-

13 http://www.solidarische-oekonomie.de/

14 http://www.solidarische-oekonomie.at/

15 http://krisu.noblogs.org/

werken. Das Grundproblem jeder Solidarischen Ökonomie, dass nämlich ihre Beziehungsstruktur der Reziprozität dem Tausch entgegensteht, der mit Solidarität nichts zu tun hat, wird damit aber nicht gelöst.

Solidarische Ökonomien als commonsbasierte Produktionsweise

Dass die Begriffe Commons und Solidarische Ökonomien in vielen Fällen synonym verwendet werden können, soll nicht heißen, dass sie nicht unterschiedliche Akzente setzen. So werden Solidarische Ökonomien stärker normativ verstanden als Commons und haben als politischer Begriff emanzipatorischer Bewegungen eine größere Prominenz erlangt, wie am eindrücklichsten das brasilianische Staatssekretariat für Solidarische Ökonomie zeigt.

Davon abgesehen thematisiert die Solidarische Ökonomie stärker die Notwendigkeit, die Wirtschaftsweise der Reziprozität, die das Commons selbst konstituiert, auch auf die Beziehungen zwischen den einzelnen solidarökonomischen Einheiten auszuweiten. Allerdings ist diese Debatte – und noch mehr die Praxis – in den allermeisten Fällen auf den Markt fixiert. Das Unbehagen am Markt ist zwar bislang ein wiederkehrendes Thema solidarökonomischer Reflexion. Allerdings zeigt sich nicht, dass auch eine Perspektive entwickelt wird, die dieses Unbehagen auflösen könnte. Wenn jedoch die an der Debatte um Solidarische Ökonomien Beteiligten, was häufig geschieht, kollektives Wohnen, Umsonstläden und Ähnliches zu Solidarischer Ökonomie zählen oder bewusst von Solidarischen Ökonomien in der Mehrzahl sprechen, dann unterlaufen sie die Verengung auf den Markt und das Tauschprinzip selbst. Einige der interessantesten Überlegungen in dieser Hinsicht stammen jedoch aus der Commons-Diskussion.[16]

Dort, wo der Anspruch der Reziprozität nicht mehr zur Geltung kommt, verschwimmt das, was Solidarische Ökonomie sein soll, zum Teil ununterscheidbar mit kapitalistischen Betrieben. Diese können ja zum Teil durchaus in paternalistischer Manier Stiftungen betreiben, Kooperationen mit anderen Betrieben eingehen, sich zu Verbänden zusammenschließen oder in der Art einer Corporate

16 http://www.keimform.de/

Social Responsibility Spenden tätigen und noch weitere Arten der Imagepflege betreiben, wie etwa im Fall von Bill Gates, George Soros oder McDonalds.

Ähnlich zwiespältig ist das Verhältnis von Solidarischer Ökonomie zum herkömmlichen Genossenschaftswesen. Hatte sich die Selbstverwaltungsbewegung der Siebziger- und Achtzigerjahre davon deutlich abgesetzt, gilt das für die Solidarische Ökonomie nicht mehr in derselben Schärfe. Im ersten Moment ist ja auch kaum zu sehen, inwiefern sich Solidarische Ökonomie von einer Genossenschaft mit Kollektiveigentum, interner Demokratie und sozialem Engagement unterscheiden soll. Ein wichtiger Unterschied liegt allerdings im Bewegungskontext. Während der Genossenschaftssektor hierzulande ausgesprochen konservative Züge trägt und sich darüber hinaus von der ursprünglichen Genossenschaftsidee weitgehend entfernt hat, versteht sich Solidarische Ökonomie als eine Bewegung, die eine Alternative zum Kapitalismus bieten will und sich in Verbindung mit sozialen Kämpfen positioniert.

Der Begriff der Commons kann im Unterschied zum Begriff Solidarischer Ökonomie gute analytische Dienste leisten, um die Entwicklung und Krisen des Kapitalismus zu verstehen. Denn er steht der Sphärentrennung in Politik und Ökonomie entgegen und kann daher die Tiefenprozesse des Kapitalismus besser erfassen. Auch ist der Begriff der Commons von sozialen Bewegungen weniger in Beschlag genommen und damit einer freieren analytischen Verwendung zugänglich. In einer am Commons-Begriff orientierten analytischen Perspektive ergibt sich eine wichtige Einsicht: Immer wieder bricht sich der Kapitalismus an den Commons und den Praxen des Commoning, welche am deutlichsten von sozialen Bewegungen verkörpert und dem Klassenkampf eingeschrieben sind.

Während kollektive Produktionsprozesse, die sich rund um reziproke Beziehungen entwickeln, mit den Begriffen Commons und Solidarische Ökonomie gleichermaßen gefasst werden können (die Entscheidung für einen der beiden Begriffe erfolgt dann aufgrund persönlicher Vorlieben, der jeweiligen theoretischen Verortung oder strategischer Überlegungen), hat der Begriff Commons zudem einen weiteren Bedeutungsgehalt.

Commons bezeichnen nämlich wesentlich einen Raum der Autonomie, wo Menschen sich treffen, ihre Bedürfnisse und Interessen abklären und Widerstand organisieren können. Die Einhegung der Commons hat daher nicht nur ökonomische Gründe (Privatisierung von Land zum Zweck der Profiterzielung und die Herstellung von Lohnarbeitern). Vielmehr geht es dabei auch um die Entmachtung der Commoners und ihre Vereinzelung, um die Einschränkung von Organisierungsmöglichkeiten. Freilich kann auch eine von den Arbeitern angeeignete Fabrik ein solcher autonomer Raum sein, wie Erfahrungen in Chile oder Venezuela zeigen. Viel häufiger spielen jedoch soziale Netzwerke, öffentliche Plätze oder Internet-Foren diese Rolle (schon allein deshalb, weil es im Vergleich nur wenige selbstverwaltete Fabriken gibt, die sich zumeist nicht gegen den Markt orientieren).

Zudem müssen die neuen Eigentumsregime, die durch die Einhegung von Commons entstehen, auch in die Köpfe der Menschen Eingang finden, sie müssen in die hegemoniale, das Denken bestimmende Wissensordnung eingehen und den Status des „Natürlichen" erhalten. Daher sind Einhegungen von Commons immer von einer Vielzahl flankierender Maßnahmen begleitet wie der Entstehung neuer Gesetze, die Commoning kriminalisieren, Disziplinar- und Kontrolltechniken und Erziehungspraktiken. Eine emanzipatorische Commons-Perspektive ermöglicht es, diese als Teil der Einhegungspolitik erkennbar zu machen und so verschiedene Widerstandslinien zueinander in Beziehung zu setzen wie aktuell etwa die Proteste gegen ACTA und gegen die Vorratsdatenspeicherung. Kämpfe um Commons sind also immer auch Kämpfe um Autonomie, um Würde und Menschenrechte. Das freilich gilt auch für Kämpfe um Solidarische Ökonomien.

Ausgewählte Literatur

Möller u. a. (2006) sowie Habermann (2009) geben viele Beispiele von Commons und Solidarischen Ökonomien. Mauss (1925) und Polanyi (1944) sind für die Theorie der Reziprozität grundlegend, ebenso Sabourin (2007). Jessop (2000) skizziert eine kritische Systemtheorie der vom Kapitalismus dominierten Gesellschaft. Kratzwald (2012) beschäftigt sich mit der Unterscheidung öffentlich – privat – Commons. Notz (2011) führt in die Alternativökonomie ein, Voss (2010) in die Solidarische Ökonomie.

Commons als umkämpftes Feld

Dieses Kapitel schlägt einen großen historischen Bogen von den Agrar-Commons der Feudalzeit bis zu den digitalen Gemeingütern des Krisenkapitalismus heute. Beleuchtet werden die Geschichte des Kapitals als Antithese zu den Commons und die Geschichte des Widerstandes dagegen, die Geschichte der Commoners also, die sich den fortlaufenden Versuchen der Enteignung widersetzen. Das Kapital und mit ihm die Lohnarbeit, formierte sich im Zuge einer umfassenden Enteignung. Die Widerstandsbastionen gegen das Feudalsystem, die Land-Commons, wurden in ihrem Verlauf geschleift, während neue Widerstände auch neue Formen des Commoning bedeuteten, neue Commons hervorbrachten. Zwar setzte sich das Kapital mit der fortschreitenden Einhegung der Commons schließlich weltweit durch, die Frage nach dem Eigentum ist aber gerade heute wieder heftig umkämpft.

Das Kapital drängt nach einer möglichst intensiven Verwertung der Arbeitskraft, wovon sein ökonomischer Erfolg abhängt. Diese Dynamik wird in letzter Instanz nur durch den Widerstand der Lohnabhängigen (darunter der Erwerbslosen und der Hausarbeiterinnen) gegen die Ausbeutung begrenzt. Auch die Autonomie der teilweise subsistierend Produzierenden (Bäuerinnen, Nomaden etc.) und ihrer Commons setzt der Kapitalverwertung Schranken. Solche das Kapital begrenzenden Widerstände beruhen auf Commons und erzeugen sie, sind selbst die erste Form des Commoning. Die wiederkehrenden Krisen des Kapitalismus sind ihr Resultat, wenngleich das im Alltag nicht so erlebt wird, solange Commons noch nicht unser Leben sichern. Zur Lösung der Krise gilt es, die Commons bewusst zu Solidarischen Ökonomien auszubauen, demonetarisierte Freiräume und übergreifende Commons zu schaffen. Das wird das Thema der folgenden Kapitel sein. Zuvor jedoch soll die Geschichte der Commons zu Wort kommen und uns die heutige Vielfachkrise erhellen.

Commons als zweideutige Gegenmacht

Commons-Forscherinnen wie Elinor Ostrom untersuchen, wie Commons zur Anpassung von Gemeinschaften und Regionen an den Prozess der kapitalistischen Globalisierung und zu einer dauerhaften Nutzung von Ressourcen beitragen können. Kapitalismus und Globalisierung werden dabei gerne als eine Art Naturgesetz angesehen. Unsere Aufgabe muss dagegen sein, herauszufinden, welche Art von Commons die Macht der Commoners stärkt. Jene Macht nämlich, ihre Commons zu verteidigen, auszubauen und sich den Zumutungen des Kapitals zu widersetzen, Lohnarbeit und Markt also verweigern zu können. Dadurch erst werden Commons als Keimform einer postkapitalistischen Gesellschaft der Solidarischen Ökonomien interessant. Unsere Kriterien sind dabei nicht, ob ein Commons „effizient" und „nachhaltig" ist. Vielmehr geht es um die Frage, ob ein spezifisches Commons die Macht der Arbeiterinnen, der Bauern oder Nomaden, also die Macht der Commoners, stärkt und so die Perspektiven auf eine nichtkapitalistische und herrschaftsfreie Zukunft öffnet.

Commons garantieren den Menschen, die sie herstellen und nutzen, einen gewissen Grad an Unabhängigkeit vom jeweils herrschenden System, weil sie sich dadurch selbst versorgen können. Deshalb können Commons Herrschaftsverhältnisse untergraben, sie ermöglichen Widerstand, Protest und Rebellion und können Ausgangspunkt für soziale Veränderungen sein. Sie wurden daher von den Herrschenden oft als Bedrohung empfunden und zu beschränken oder zu verhindern versucht. Commons setzten schon dem Feudalsystem Grenzen, die von entscheidender Bedeutung für seine Krise im 14. und 15. Jahrhundert wurden. Da der Kapitalismus historisch betrachtet die System gewordene Lösung dieser Krise ist, wird verständlich, von welch zentraler strategischer Bedeutung die Einhegung der Commons für seine Durchsetzung war.

Erst durch die Privatisierung des gemeinsam genutzten Landes wurde es der Verwertung durch das Kapital zugänglich. Ja, das Kapital selbst entstand wesentlich durch die Enteignung, so etwa im Kernland des modernen Kapitalismus, in England. Den englischen Bauern wurde ihre Existenzgrundlage entzogen, was sie dazu zwang, sich als Lohnarbeiter zu verdingen. Damit entstand zugleich ein Massenmarkt für Konsumgüter, zuerst vor allem bei Textilien und Nahrungsmitteln, weil die Enteigneten diese nicht mehr (zur Gänze) selbst herstellen konnten. Diesen Prozess hat Marx als „sogenannte ursprüngliche Akkumulation" des Kapitals bezeichnet.

Die Enteignung war jedoch keineswegs mit der Durchsetzung des Kapitalismus abgeschlossen, sondern stellt weiterhin eine wichtige Strategie zur Erleichterung der Kapitalverwertung dar.[17] Vor allem in Krisen wendet das Kapital solche Strategien verstärkt an, was meist die Privatisierung bedeutet, das Zur-Ware-Machen bis dahin nicht dem Markt unterworfener Bereiche von Natur oder Gesellschaft. Die Privatisierung öffentlicher Dienstleistungen oder Infrastruktur etwa (die man zum Teil als „verstaatlichte Commons" verstehen kann, siehe unten) senkt die Steuerbelastung des Kapitals.[18] Die Privatisierung von Wissen, Saatgut und Informationen in Form von Patenten auf geistiges Eigentum ermöglicht es dem Kapital, Renten in der Art einer Maut von den Nutzerinnen zu lukrieren. Die Privatisierung der Atmosphäre durch Emissionszertifikate schließlich erlaubt die Schaffung eines Börsenmarktes usw. Solche Einhegungen führen infolge der Beschneidung der Rechte und der Autonomie der Betroffenen zu sozialen Kämpfen und Widerständen, wofür das aktuelle Aufleben der Commons-Bewegung ein Indiz darstellt. Es ist kein Zufall, dass die stärksten Bezüge auf die Commons in den heute am stärksten umkämpften Bereichen auftauchen: im Bereich der digitalen Informationsgüter, der natürlichen Ressourcen und der „verstaatlichten Commons" wie dem Gesundheitswesen.

Offensichtlich ist der Kapitalismus also kein allumfassendes System ohne Außen. Es gab und gibt vielmehr immer Bereiche, die nicht nach der Marktlogik und zum Teil auch relativ herrschaftsfrei organisiert waren oder sind. Das Fortbestehen des Kapitalismus ist sogar von diesen Bereichen abhängig. Aus sich selbst heraus, das

17 Durch Verbilligung der Produktionsmittel (was geraubt ist kostet nichts) und der Beschränkung von Produktionsmöglichkeiten für die Masse der Menschen, die so zur Lohnarbeit gezwungen werden.

18 Steuern sind grundsätzlich ein Abzug vom Profit, auch wenn sie formell dem Arbeitseinkommen oder dem Konsum abgezogen werden, sofern der Staat sie nicht selbst wiederum in die Profitproduktion investiert.

heißt auf der Grundlage der Warenproduktion, ist er nicht überlebensfähig. Das zeigt sich am klarsten an der sogenannten Ware Arbeitskraft selbst. Diese Ware ist in Wahrheit keine, der Arbeitsmarkt nur eine Institution, um den Fluss der Arbeitskräfte zwischen den Kapitalien möglichst reibungslos zu gestalten und die Unterwerfung unter das Kapital in Form der Lohnarbeit als eine freiwillige Entscheidung erscheinen zu lassen.[19] Die Arbeitskraft wird nicht als Ware erzeugt (sondern als Mensch geboren), nicht als Ware reproduziert (sondern vor allem von Frauen und ihrer unbezahlten Arbeit) und nicht als Ware konsumiert (sondern in einem Herrschaftsverhältnis ausgebeutet). Schon die Produktion und Reproduktion dieser Ware wäre ohne ein rudimentäres Commoning nicht möglich. Schließlich entsteht ein Mensch weder am Markt noch im Rahmen des Kapitalverhältnisses, sondern als Resultat einer sexuellen und emotionalen Beziehung.[20]

Weitere Commons existieren etwa in Form von Lerngemeinschaften, ehrenamtlichen Organisationen und zivilgesellschaftlichen Netzwerken. All diese Formen können bis zu einem gewissen Grad auch für das Kapital nützlich sein, freilich nur so lange sie nicht allzu autonom werden und sein Wachstum behindern. So hat das Kapital mehrere Methoden des Umgangs mit solchen Commons zur Verfügung, die seine Akteure als Bedrohung wahrnehmen. Entweder es versucht sie zu kooptieren, also für seine Zwecke zu instrumentalisieren – sie können etwa die Reproduktion von Arbeitskraft verbilligen oder das Marktsystem mit billigen Ressourcen wie freier Software versorgen – oder es greift zu Repression und Kriminalisierung.

Commons sind also immer in Herrschaftsverhältnisse eingebettet und davon durchzogen, sie sind Ergebnis und Ausgangspunkt sozialer Kämpfe und darum immer ambivalent. Sie haben das Poten-

19 Den Arbeitsmarkt kann daher eine Zuweisung der Arbeitskräfte durch den Staat ersetzen, wie in den ehemaligen realsozialistischen Ländern. Dann wird allerdings die Lohnarbeit klar als Zwang erkennbar, was ihre ideologische Stabilität untergräbt und Arbeitskämpfe durch Bummeln etc. werden praktisch straffrei.

20 Selbst der Inhalt der Prostitution ist kein Tausch. Dieser bildet nur ihre Form, ihr Inhalt ist der geschlechtliche Verkehr, genauso wie bei einer Liebesbeziehung (wenngleich von anderer Qualität).

tial, Menschen gegenüber dem Kapital zu stärken, sind aber auch von Instrumentalisierung, Marginalisierung und Kriminalisierung bedroht.

Die Einhegung von Commons hatte und hat immer zwei Komponenten: die ökonomische, bei der es darum geht, neue Dinge der Marktlogik zu unterwerfen und damit neue Profitquellen zu erschließen und die strategische, die Möglichkeiten der Commoners zur Durchsetzung ihrer Rechte zu beschneiden, ihnen die Räume zur Organisierung zu nehmen, nach dem Prinzip „Teile und herrsche" verschiedene Gruppen gegeneinander auszuspielen, sie durch Entziehung ihrer Existenzgrundlagen leichter in die neuen Verhältnisse zwingen zu können. Einhegungen von Commons zogen daher immer auch vielfältige Veränderungen der gesamten Gesellschaftsordnung nach sich, die zwei Linien folgten: Es wurden auf ideologischer Ebene die Vorteile des neuen Systems hervorgehoben und die Nachteile verschwiegen; einige der Enteigneten wurden durch Privilegien mit ins Boot geholt, wodurch die Solidarität zwischen den Commoners untergraben wurde. Somit schuf man zugleich Rollenvorbilder für andere, was das neue System attraktiv erscheinen ließ. Damit die soziale Transformation, die durch die Einhegung der Commons hervorgerufen wurde, funktionieren konnte, war aber immer auch ein hohes Maß an Kontrolle und Disziplinierung für die große Masse derer notwendig, denen der in Aussicht gestellte soziale Aufstieg nicht gelang.

Der Kampf um die Commons aus historischer Perspektive

Besonders geeignet für eine historische Betrachtung der Commons ist England. Dort war bereits seit 1215 das Recht auf die Nutzung der Commons gesetzlich festgeschrieben. Daher sind der Kampf um die Commons, ihr Verschwinden bei der Durchsetzung des Privateigentums und die entsprechenden Veränderungen in den Gesetzen im Lauf der Geschichte relativ leicht nachzuverfolgen.

1215 wurde König John I. gezwungen, die Magna Carta zu unterzeichnen, worin erstmals in der Geschichte einer herrschaftlich verfassten Gesellschaft politische Freiheitsrechte für alle Menschen garantiert wurden. Dieses Gesetz beendete die Auseinandersetzungen, die seit der Eroberung Englands durch die Normannen zwischen den normannischen Königen und den britischen Adeligen schwelten. Um seine Position halten zu können und als legitimer Herrscher anerkannt zu werden, musste John die Magna Carta, die ihm von den Adeligen aufgedrängt wurde, unterschreiben. Es handelte es sich dabei zwar um ein Abkommen zwischen Kirche, König und Adeligen, ihre Regelungen bezogen aber auch andere soziale Gruppen wie Händler, Juden und die Commoners, also die landlosen Bauern, ein. Sie war eine schriftliche Zusammenfassung bisher gültiger Gewohnheitsrechte. Die Magna Carta erkannte die Existenz der Commons an und verbot den Grundbesitzern für deren Nutzung Geld zu verlangen oder Commons-Land einzuzäunen. Die Errichtung von Zäunen, um andere von der Nutzung abzuhalten, wird als Einhegung (enclosure) bezeichnet und ist das zentrale Thema in der Geschichte der Commons. Der Begriff Einhegung wird im übertragenen Sinn heute auch in Bezug auf geistiges Eigentum oder die Kommerzialisierung und Überwachung öffentlicher Räume verwendet.

Die Magna Carta gilt bis heute als Ursprung der Bürgerrechte und ist die Grundlage von nahezu allen Verfassungen der Welt. Der Historiker Peter Linebaugh konnte zeigen, dass es einen zweiten Gesetzesakt gab, der in unmittelbarem Zusammenhang mit der Magna Carta stand, die Charter of the Forest. Dort waren die Rechte auf Commons detailliert festgeschrieben, die sicherstellen sollten, dass auch diejenigen, die kein eigenes Land besaßen, aus eigener Kraft ihre Existenz sichern und die Freiheitsrechte für sich beanspruchen konnten, damit also nicht der Willkür der Herrscher ausgeliefert waren. Die Zugangsrechte zu Commons waren folglich die Voraussetzung dafür, dass die Magna Carta universelle Gültigkeit erlangen konnte, sie stellten ihre ökonomische Fundierung dar.

Die beiden Gesetzesakte gemeinsam wurden die Charters of Liberties genannt. Sie waren das Ergebnis von Revolten und sozialen Kämpfen. Neben den Kämpfen zwischen Adel und König waren daran auch unterschiedliche „Graswurzelgruppierungen" von Commoners beteiligt, die sich gegen die kirchlichen Hierarchien und die Willkür und Ausbeutung durch die adeligen Landbesitzer zur Wehr setzten. Das Besondere an diesen Charters war, dass sie den König unter das gleiche Gesetz stellten wie alle anderen sozialen Gruppen.[21] Sie beschränkten die Macht des Königs und sicherten die Subsistenz der Commoners. Obwohl die Magna Carta den Commoners auch das Recht zugestand, sich gegen die Einhegungen zu wehren, setzten sich die Kämpfe zwischen Adel und Commoners um den Zugang zu den Commons in den folgenden Jahrhunderten fort.

Die Durchsetzung des Kapitalismus

Das erste große Enclosure Movement, die erste Welle der Enteignung der Commons in England, begann im 16. Jahrhundert. Die Auflösung von Klöstern im Rahmen der Reformation führte zu einer Umverteilung von Land. Davon profitierten aber nicht die Commoners, sondern es entstand eine neue Klasse von Landbesitzern, der niedere Landadel. Auch die Bauernkriege in Deutschland und Österreich im 16. Jahrhundert stehen im Kontext von Enteignungen und dem Widerstand dagegen. Dabei ging es unter anderem um die Wiederherstellung von Waldrechten.

Die Kämpfe in England verschärften sich mit den Anfängen des Kapitalismus im 17. Jahrhundert. Immer mehr Land wurde privatisiert und vor allem zur Schafzucht für die aufsteigende Wollindustrie verwendet. Die Bewegungen der Diggers und Levellers forderten nicht nur die soziale Gleichberechtigung aller Menschen ein, sondern wurden auch aktiv gegen Einhegungen tätig, indem sie Zäune und Mauern ausgruben beziehungsweise einebneten und das Land wieder bebauten. Daraus leitet sich auch ihr Name ab.

Die Einhegung der Commons war eine wesentliche Voraussetzung für die Durchsetzung des Kapitalismus. Begleitet war sie wie alle großen Einhegungen in der Geschichte von der Disziplinierung und Kriminalisierung der Commoners und den Widerständen dagegen. Silvia Federici zeigt eindrücklich, dass die Durchsetzung des Kapitalismus nicht nur zur Herstellung des männlichen Lohnarbeiters geführt hat, sondern unmöglich gewesen wäre ohne die Herstellung der weiblichen Reproduktionsarbeiterin und die Unterwerfung der indigenen Bevölkerung in den überseeischen Kolonien. Damit

21 Der erste, der dies in der Habsburgermonarchie einforderte, war der Autor der österreichischen Verfassung, Hans Kelsen, im Jahr 1913.

die Produktion der Arbeitskraft sichergestellt werden konnte, musste den Frauen die Kontrolle über die Reproduktionsarbeit und ihren eigenen Körper entzogen werden. Das geschah durch die Enteignung weiblichen Wissens in Bezug auf Geburtenkontrolle, Schwangerschaft, Geburt und Säuglingspflege und letztlich die Einhegung des weiblichen Körpers selbst, um ihn als Produktionsmittel nutzbar zu machen. Schon von Beginn der kapitalistischen Entwicklung an bestimmten Staat und Kapital zum Zweck der Akkumulation nicht nur über die Arbeitskraft der Lohnarbeiter, sondern auch über die unbezahlte Arbeit der Frauen.

Pauperismus als soziale Bewegung für die Commons

Es war ein hohes Ausmaß an Gewalt notwendig, um Commoners zu Lohnarbeitern und Reproduktionsarbeiterinnen zu machen. Die Kämpfe dagegen beeinflussten die Richtung der kapitalistischen Entwicklung und zwangen das Kapital zu immer neuen Kompromisslösungen und Zugeständnissen. Die in dieser Zeit auftretende Massenarmut war nicht nur, wie häufig behauptet, eine notwendige historische Übergangsphase in der industriellen Entwicklung, sondern auch eine Form des Widerstandes gegen Enteignung und Zwangsarbeit. Dieses damals als Pauperismus bezeichnete Phänomen der Massenarmut bezog sich nicht nur auf eine ökonomische Mangelsituation, sondern stand für „unsoziales" Verhalten schlechthin, für eine Mobilität und Unabhängigkeit, die die Unterordnung unter gesellschaftliche Zwänge zurückwies. Der Pauperismus zeigte, dass bei weitem nicht alle Menschen bereit waren, sich der Logik von Markt und Lohnarbeit zu unterwerfen, diese Einschränkungen ihrer Freiheit in Kauf zu nehmen, die neuen „zivilisierten" Verhaltensweisen anzunehmen und auch scheinbar kein Interesse hatten, ihre Lebenslage zu „verbessern" und die von den Ökonomen definierten Bedürfnisse als die ihren anzuerkennen. Der Pauperismus war daher nicht nur ein Problem, weil er zunehmend die Rekrutierung von Arbeitskräften erschwerte und die Sicherheit und Wehrhaftigkeit der Staaten gefährdete, er war auch eine subversive soziale Bewegung, die die Durchsetzung des Kapitalismus als solches infrage stellte.

Die Einhegung der Commons und die fundamentale Veränderung des Eigentumsverständnisses, die für die Durchsetzung der

Marktlogik notwendig waren, brauchten also umfassende Begleitmaßnahmen. Nur so war die endgültige Durchsetzung des Kapitalismus sicherzustellen. Boden musste erst als handelbares Privateigentum anerkannt werden, ebenso wie der Verkauf von Arbeitskraft und das Interesse an Konsum erst zur Selbstverständlichkeit gerinnen mussten. In jener Zeit entstanden daher die großen Disziplinaranstalten wie Gefängnisse, Armen-, Arbeits- und Waisenhäuser, um die Menschen zu Arbeiterinnen und Konsumenten zu erziehen. Das Panoptikum, ein architektonischer Entwurf zur Beaufsichtigung von Fabrikarbeitern oder eines Gefängnisses von Jeremy Bentham, bei dem die Zellen kreisförmig um einen im Zentrum liegenden Beobachtungsraum angeordnet waren, sodass die Arbeiter oder Insassen sich ständig beobachtet fühlten und daher anfingen, sich dementsprechend zu verhalten, gab dafür das Leitbild. Das Panoptikum pflanzte den Beobachter quasi in die Köpfe der Menschen und bewirkte eine zunehmende Selbstkontrolle. Architektonisch nur in einigen Fällen umgesetzt, beschreibt das Panoptikum sehr gut die Wirkungsweise des Marktes, aber auch von modernen Kontrollsystemen in Betrieben. Einzelne seiner Elemente wurden Bestandteile der bis heute dominierenden Art der Erziehungsanstalten (Schulen, Universitäten).

Parallel dazu wandelten sich auch die Gesetze. So gerieten etwa in England die Nutzungsrechte der Charter of the Forest in Vergessenheit, während die Magna Carta langsam ihre Bedeutung änderte. Sie diente nun nicht mehr der Beschränkung der Rechte der Herrscher und der ökonomischen Stärkung der Beherrschten durch Nutzungsrechte an Commons, sondern der Legitimation staatlicher Macht und dem Schutz von Privateigentum. Dadurch wurde die Nutzung der Commons kriminalisiert. Was davor alltägliche Praxis und legitimer Anspruch war, wurde zur kriminellen Handlung umdefiniert. Der Fischer war nun Wilderer, Futtersuche geriet zum Hausfriedensbruch, ein Feuer anzumachen galt nun als Brandstiftung und Holz im Wald zu sammeln als Diebstahl.

Diese häufig gewaltsame Durchsetzung der neuen Logik durch staatliche Machtapparate war aber nur die eine Seite der Medaille. Die Durchsetzung neuer Weltbilder hängt auch davon ab, dass sie den Konsens der Mehrheit, zumindest ihre passive Zustimmung mangels Gegenwehr, erhält. Die Herstellung von Konsens bedeutet Zugeständnisse an die Beherrschten, die Vergabe von Privilegien an Einzelne, was bei vielen Menschen die Hoffnung weckt, dass im Grund jede und jeder in den Genuss dieser Privilegien kommen könne. Eine solche Art der Herrschaft, sogenannte Hegemonie, hat also im Idealfall auch eine positive Vision, die viele teilen können. So wurden die Entwicklung des Kapitalismus immer von den Versprechen von Freiheit, Wohlstand und sozialem Aufstieg begleitet. Auf der Grundlage dieser vielfältigen sozialen Kämpfe „von oben" und manchen Kompromissen, die „von unten" erzwungen wurden, setzte sich schließlich die neue Logik, die auf Privateigentum, Lohnarbeit und Markt gründete, zumindest im Europa des 20. Jahrhunderts, vor allem nach dem Zweiten Weltkrieg, flächendeckend durch. Sie schien die moderne Garantie für Existenzsicherung zu sein. Die Rechte auf Commons galten zunehmend als veraltete Überreste einer vergangenen Zeit.

Es ist nur scheinbar ein Widerspruch dazu, wenn sich am Ende des 20. Jahrhunderts die Schützer des brasilianischen Regenwaldes um Chico Mendez und die Zapatistas in Mexiko auf die Magna Carta beriefen, um gegen einen autoritären Staat zu mobilisieren. Sie wussten noch um die alte Version, sie beriefen sich auf die Rechte jener, die nicht über Kapital verfügten und forderten, dass die Herrschenden – in dem Fall die transnationalen Konzerne und die Regierungen, die mit Freihandelsverträgen deren Macht gestärkt hatten – unter dasjenige Gesetz gestellt werden sollten, das die Nutzungsrechte der indigenen Bevölkerung garantierte.

Wenn wir uns in der aktuellen Commons-Diskussion auf diese historischen Fakten berufen, so ist das kein nostalgischer oder gar romantisierender Rückblick in eine „gute alte Zeit". Es muss uns immer klar sein, dass die historischen Commons Teil einer Feudalgesellschaft waren. Die mit ihnen verbundenen Freiheiten waren nur im engen Rahmen damaliger Herrschaftsverhältnisse möglich. Wir müssen heute dagegen Praktiken und Institutionalisierungen finden, die eine gesellschaftliche Weiterentwicklung, eine Transformation über den Kapitalismus hinaus bedeuten, nicht eine Rückkehr zu seinen feudalen Wurzeln. Wir müssen neu bestimmen, was unsere Commons und wer die Commoners sind, wer also auf diese bedingungslosen Rechte des Zugangs zu lebensnotwendigen Ressourcen

Anspruch hat, mit welchen Regeln, die alle seither erkämpften oder eingeforderten Rechte von Frauen, ethnischen Minderheiten usw. implizieren, die auch die Naturverhältnisse einbeziehen und zur Lösung der Rohstoff- und Klimakrise beitragen.

Trotz all dieser Einschränkungen können uns die beiden Charters of Liberties aber doch Ansatzpunkte dazu liefern. Sie zeigen, dass politische Freiheit und sozio-ökonomische Absicherung immer Hand in Hand gehen müssen. Abstrakte Freiheitsrechte müssen daher immer an konkrete Zugangsrechte zu Ressourcen gebunden werden. Politische Freiheit braucht eine ökonomische Fundierung, aus diesem Grund geht eine Einschränkung der einen immer mit Einschränkungen der anderen einher.

Commons in der Arbeiterbewegung

Die Geschichte der Commons war aber mit der Durchsetzung des Kapitalismus keineswegs beendet, denn die aufstrebende Arbeiterinnenbewegung schuf sich neue Commons. Sie war gerade dann besonders stark und erfolgreich, wenn es ihren Mitgliedern möglich war, ihr Leben zum Teil auch ohne Lohnarbeit abzusichern. Der frühen Arbeiterinnenbewegung war dieser Zusammenhang noch klar und es entstanden neue Formen der Selbstorganisation, die zu weiteren Kämpfen führten. In all diesen Auseinandersetzungen wurde auch immer wieder die Eigentumsfrage gestellt, auf unterschiedliche Weise und in Bezug auf unterschiedliche Ressourcen.

Sehr früh etwa schufen die Lohnabhängigen solidarische Versicherungssysteme, Streikfonds, Einkaufsgenossenschaften, zeigten aber auch Bestrebungen, Land für die Selbstversorgung anzueignen. Auch die Bauern reagierten auf die ökonomische Bedrohung durch das Kapital mit Formen Solidarischer Ökonomien. Neben der Arbeiterinnenbewegung bildet die organisierte Bauernschaft eine gleichrangige historische Wurzel der Solidarischen Ökonomien, insbesondere in Gestalt der Genossenschaften in ihrem ursprünglichen Sinn als egalitär geprägte kollektive Selbsthilfe.

Die Erfolge solidarökonomischer Selbstorganisation setzten das Kapital und mit ihm den Staat unter Zugzwang. Nach Defert waren im 19. Jahrhundert Kämpfe der Arbeiterinnen für den Erhalt ihrer Solidaritätsfonds viel häufiger als Kämpfe um bessere Arbeitsbedingungen. Die Kämpfe *gegen* die Lohnarbeit und damit für die Commons waren für die frühe Arbeiterinnenbewegung offensichtlich wichtiger als die Kämpfe *innerhalb* des Lohnarbeitsverhältnisses für bessere Arbeitsbedingungen. Die Einführung staatlicher Versicherungssysteme erfolgte häufig seitens konservativer Regierungen und gegen den Willen und die Interessen der Lohnabhängigen. Denn sie bedeuteten eine Zerstörung ihrer solidarischen Formen der Selbstorganisation, die eine Bedrohung für das Kapital und den Staat darstellten. Die Sozialversicherung war für die Regierenden sozusagen zugleich eine Versicherung gegen Revolutionen.

So war die ganze Entwicklungsgeschichte des Kapitalismus bestimmt von Kämpfen um die Commons, erst um den Zugang zu Land, dann um den Erhalt der selbstorganisierten Bereiche außerhalb des Systems von Markt und Staat und um das Eigentum an Produktionsmitteln allgemein. Es ist kein Zufall, dass ihre anfänglich am stärksten emanzipatorisch ausgerichteten Strömungen sich „kommunistisch" nannten und einer der wichtigsten politischen Räume, den sie errangen, die Pariser Commune darstellt, die mit blutiger Gewalt zerschlagen wurde.

Selbst zwei schreckliche Weltkriege, die den „Dreißigjährigen Krieg" des 20. Jahrhunderts rahmten (Eric Hobsbawm), konnten das Commoning nicht beenden – auch wenn sie es in einen unsichtbaren Untergrund drängten, der nicht mehr Teil der öffentlichen Debatten und der Diskussion von Perspektiven war. Das zeigte sich in den aufflammenden Arbeiterkämpfen nach dem Ende des Zweiten Weltkriegs, in den Revolten der Marginalisierten, die von den Beatniks in den USA, den Vorläufern der Hippies, bis zu den Rockern in Österreich reichte und deutliche Momente des Commoning enthielt. Der Klassenkompromiss und die Stabilität des Nachkriegskapitalismus im globalen Norden vom Ende des Zweiten Weltkriegs bis zum Ende der Sechzigerjahre waren eher Mythos und politische Zielorientierung denn gesellschaftliche Realität. Die verstaatlichte Arbeiterbewegung dominierte zwar das Verständnis von Befreiung bis in die Sechzigerjahre, dann jedoch wurde vielen klar: Nach Jahrzehnten der Partei- und Staatsfixierung und einem weitgehenden Erfolg antikapitalistischer und antikolonialer Bewegungen in der Übernahme von Staatsmacht war die erhoffte gesellschaftliche

Veränderung nicht eingetreten. Es verbreitete sich die Ansicht, dass Parteien und der Staat grundsätzlich nicht in der Lage seien, die notwendigen gesellschaftlichen Veränderungen auf den Weg zu bringen. Dies bildete den Kern der Revolten um und nach 1968.

Sozialstaat – wo blieben die Commons?

Der Sozialstaat sollte die Klassenkämpfe befrieden. Der Staat eignete sich dabei vielfach die Errungenschaften der Selbstorganisation an und verstaatlichte damit die sozialen Bewegungen zum Teil. Er übernahm die Aufgabe der Sicherung derer, die es selbst wegen Alters, Krankheit oder Erwerbslosigkeit nicht vermochten. Man könnte so gesehen sagen, dass die Sozialversicherung eine Fortsetzung der Commons darstellt. Zugleich schritt auch die Einhegung der verbliebenen Commons weiter voran.

Die in Österreich früher viel gepriesene Sozialpartnerschaft bedeutete, dass die Grundsäulen des Kapitalismus – Lohnarbeit, Privateigentum und bürgerliche Demokratie – zur Zwangsjacke organisierten gesellschaftlichen Handelns wurden. Nun wurde die Abhängigkeit der Lebensbedingungen von den Bedingungen der Kapitalverwertung zur gewerkschaftlichen Doktrin erhoben. Die Löhne sollten maximal im Gleichklang mit den Produktivitätszuwächsen steigen, um den Profit nicht zu gefährden. Das Wachstum des Kapitals galt ab nun – auch für die kommunistischen Parteien – als sakrosankt. Die Gewerkschaften verstanden sich als Co-Management, das seine Aufgabe in der Disziplinierung der Arbeitskräfte sah, indem es Mitbestimmung vorgaukelte und ansonsten stille oder offene Repression gegen Abweichler übte. Dabei darf nie vergessen werden, dass diese Verhältnisse nicht nur auf billigen fossilen Ressourcen und anderen Rohstoffen aus früheren Kolonien, sondern ebenso auf Ausbeutung unbezahlter Reproduktionsarbeit der Frauen aufbauten.

Grundsätzlich ist der Sozialstaat als politischer Rahmen der Sozialpartnerschaft von den Steuereinnahmen und damit von der Kapitalverwertung abhängig. Dadurch kann dieser soziale Dienstleistungen und soziale Teilhabe immer nur in dem Ausmaß gewährleisten, als sie den Profit von Unternehmen und Investoren nicht zu sehr einschränken und dadurch die Wettbewerbsfähigkeit des Standortes reduzieren.

Ausschließendes Privateigentum als Norm

Erst vor dem Hintergrund des sogenannten Klassenkompromisses im Sozialstaat wurde das Streben nach Privateigentum in den Industrieländern allgemeiner Konsens. In den wirtschaftlich erfolgreichen Jahren nach dem Zweiten Weltkrieg trieben die ins System integrierten Gewerkschaften ebenso wie die sozialdemokratischen Parteien unter dem Schlagwort „Eigentum in Arbeiterhand" die Zustimmung der Massen zu diesem System voran. Allerdings ging es dabei nie um die Überführung der Produktionsmittel ins Eigentum der Arbeitenden, sondern darum, diese besser ins kapitalistische System zu integrieren. Durch Wohnbauförderung und staatliche Förderung von Bauspar- und Versicherungsverträgen wurden etwa Anreize zum Erwerb von Immobilien gesetzt. Heute wird unter demselben Motto die Ausgabe von Mitarbeiteraktien propagiert. Dass beides eher symbolische Wirkung hatte, zeigt deutlich die aktuelle Vermögensverteilung. Erfolgreich waren diese Initiativen allerdings insoweit, als sie die Zustimmung der Mehrheit der Bevölkerung zu einer Politik erreichten, die tatsächlich die Interessen einer Minderheit von Kapitalbesitzern verfolgte. Das führte schließlich zur Illusion der „gefühlten Mittelschicht", zum guten Teil eine bloß symbolische Gemeinschaft der Möchtegern-Eigentümer, die es unmöglich machte (und macht), eine angemessene Besteuerung von Vermögen durchzusetzen.

Unser heutiges Verständnis von Privateigentum als Möglichkeit des Ausschlusses Dritter von der Nutzung und als absolute Verfügungsgewalt ist also relativ jung. Nach diesem Verständnis kann der Eigentümer einer Sache diese verkaufen, ungenutzt liegen lassen, sogar zerstören, ganz nach seinem Ermessen. Diese Eigentumsform ist der juristische Ausdruck der Warenform und Voraussetzung von Marktwirtschaft. Das entsprechende Eigentumsrecht durchzusetzen und abzusichern ist die Hauptaufgabe des kapitalistischen Staates. Der Ausschluss von der Nutzung bestimmter Güter wird durch gesetzliche Regelungen mit entsprechenden Sanktionen verwirklicht. Die oft geäußerte Annahme, Eigentum bedeute „Macht über Dinge" ist daher irreführend. Durch das Recht auf den Ausschluss Dritter stellt Eigentum auch eine Beziehung zwischen Menschen dar, eine Beziehung zwischen Menschen in Bezug auf diese

Sache. Privateigentum ist also genau wie die Commons ein soziales Verhältnis.

Der Begründer des modernen bürgerlichen Eigentumskonzeptes ist John Locke. Er postulierte, dass sich durch die Tätigkeit der Aneignung von Dingen aus der Natur, und sei es nur das Pflücken einer Frucht, das Recht des Menschen auf Eigentum begründet. Das Recht des Bürgers auf Eigentum entsteht nach Locke auch aus der Arbeit seiner Tiere oder Knechte, Lockes Eigentumskonzept setzt also bereits Herrschaftsverhältnisse voraus. Und in der Tat: Im Kapitalismus begründet Arbeit keineswegs nennenswertes Eigentum für die Arbeitenden, sondern vor allem das Eigentum der Kapitalisten.

In der griechischen und römischen Kultur der Antike ebenso wie im Mittelalter gab es unterschiedliche Eigentumsformen für unterschiedliche Güter. So war etwa die Idee, Boden könne in der Art Privateigentum werden, dass er zur Ware und verkauft würde, über viele Jahrhunderte außerhalb des Vorstellbaren. Bei Aristoteles galt individuelles Eigentum als Voraussetzung für eine geordnete Nutzung durch die Allgemeinheit. Im Mittelalter gab es vielfältige Formen von Eigentum, Besitz und einzelnen Nutzungsrechten, die auch zwischen fester und beweglicher Habe unterschieden. Gemeinsam genutzter Boden war die Regel, wie dies noch heute in Entwicklungsländern mitunter der Fall ist, wenngleich Jahrzehnte und Jahrhunderte des Kapitalismus auch hier die ursprünglichen Commons zumeist beseitigt oder tiefgreifend verändert haben. Der Begriff „Eigentum" ist also nicht ahistorisch zu verwenden, er hatte zu verschiedenen Zeiten und in verschiedenen Gesellschaften unterschiedliche Bedeutung.

Heute wird das westliche, um das Privateigentum zentrierte Rechtssystem unhinterfragt als das einzig mögliche hingenommen und global immer weiter durchgesetzt, um die Ausweitung des kapitalistischen Marktes voranzutreiben. Die Durchsetzung unserer Rechts- und Gesellschaftsordnung wird als Verbesserung, als „Entwicklungshilfe" gesehen. Damit werden die Zwänge, die auf die Menschen in Entwicklungsländern durch Enteignungsprozesse ausgeübt werden zwar als hart, aber notwendig legitimiert. Wir beobachten hier dieselbe ideologische Praxis, verbunden mit ähnlichen Kontroll- und Disziplinierungsmaßnahmen, wie in Europa vor einigen Jahrhunderten. Und häufig entstehen parallel die Gegenbewegungen von Commoners, die versuchen herkömmliche Rechte zu verteidigen, durch bewusste Nichteinhaltung bestehender Gesetze öffentlichkeitswirksam Enteignungen zu thematisieren oder sich Land und andere Ressourcen anzueignen.

In den Industrieländern wird das fortlaufende Enclosure Movement des Kapitalismus vor allem durch die Idee sogenannten geistigen Eigentums wieder zum Thema von Auseinandersetzungen und ist ein wichtiger Impuls für die neu aufflammende globale Commonsdiskussion. Wir erleben heute, wie all jene Aspekte, Prozesse und Elemente, die Historikerinnen in Bezug auf die Einhegung von Land beschrieben haben, in der Sphäre von Wissen, Information und Kultur auftauchen oder sich verschärfen. Die Ausdehnung des Konzepts von Privateigentum muss bestehendes Wissen, bestehende Werte und Normen verändern, um sich durchsetzen zu können und es braucht dazu all jene Rahmenbedingungen, die wir aus der Geschichte kennen: die Herstellung von Konsens ebenso wie gesetzliche und disziplinierende Maßnahmen, eine Intensivierung der Überwachung und die Herstellung von Unrechtsbewusstsein. Und entsprechend können wir die Widerstände dagegen beobachten, die Subversion und die Aneignung bestehender Institutionen zum Zwecke ihrer Aufhebung. Seit der Wende zum 21. Jahrhundert ist der Neoliberalismus das moderne ideologische Banner dieses Enclosure Movement, das sich im Verlauf der Vielfachkrise von Kapitalverwertung, staatlicher Legitimität und Ökologie noch ausweitet.

Commons als Kern des Krisenzyklus

Die Zeit nach dem Ende des Zweiten Weltkriegs war in Europa von hohen Wachstumsraten des Kapitals und steigenden Profitraten geprägt. Auch der Warenkonsum konnte durch die Verbilligung der Konsumgüter bedeutend steigen. Am Ende der Sechzigerjahre schwächten sich die Erfolgsmomente der besonderen Form des Kapitalwachstums der Nachkriegszeit ab. Die Produktivität stieg langsamer, weil der Widerstand gegen eine weitere Verschärfung von Tempo und Teilung der Arbeit wuchs. Eine Schlüsselrolle spielte dabei erstens der Kampf gegen das Fließband und seine Beschleunigung. Zweitens entstand eine weit verzweigte Rebellion gegen die bürokratisierte und patriarchale, auf der strikten Trennung zwischen Konsum, Arbeit und Leben beruhende Arbeitsorganisation.

Diese Widerständigkeiten lassen sich als Commoning begreifen, das unter anderem eine Voraussetzung für die Gegenkultur der Sechziger- und frühen Siebzigerjahre war, insbesondere der feministischen Bewegung. Praxen des Commoning spielten auch in der Black Power-Bewegung in den USA eine große Rolle. Die Black Panthers etwa organisierten Gratismahlzeiten, freie Bildung, freie medizinische Dienstleistungen und verteilten freie Kleidung. Im US-amerikanischen Westen verknüpfte sich diese subversive Neuordnung sozialer Regeln und das Experiment mit neuen Beziehungsformen im Wohnen, Arbeiten, Leben und Lieben zu richtiggehenden Solidarischen Ökonomien beziehungsweise Commons-Kulturen. Die Strömung der Diggers[22] organisierte einen guten Teil der Nahrungsversorgung des Hippie-Viertels in San Francisco, betrieb mehrere Kostnixläden und gründete eine kostenlose Klinik. Die Kultur der Hippies widersetzte sich geraume Zeit der Kommerzialisierung. So wurden mehrere der großen Musikevents auf Druck der Menge zu freien Festivals erklärt, etwa das berühmte Popfestival Woodstock. Zwar wiesen die Achtundsechziger-Bewegungen Aspekte einer Konsumrevolte auf und zeigten damit eine durchaus widersprüchliche Einstellung zum Warenkonsum. Doch spielte die grundsätzliche Kritik des Kapitals sowie von Markt und Geld darin eine wichtige Rolle.

Auch die Organisierung der Studierenden war eine bemerkenswerte Expansion von Praxen des Commoning, das häufig mit einem erhebenden Enthusiasmus und dem intensiven Gefühl von Befreiung einherging. Vielfältig waren die Möglichkeiten sich durch wechselseitige Hilfe Freiräume zu schaffen und dem Zwang zur Lohnarbeit für eine Zeit lang zu entkommen, und sei es durch den Exodus nach Indien, der einer Massenbewegung nahekam.

Ebenso sind die Arbeitskämpfe, die um und nach 1968 zunahmen, als große Bewegungen des Commoning zu verstehen. Nicht nur insoweit schon jeder Streik ein Ausdruck des Commoning und

22 Dieser Hippie-Begriff bezog sich auf die historischen Diggers; http://www.diggers.org.

eines autonomen politischen Raums ist. Sie zielten darüber hinaus nicht selten auf eine bewusste Expansion der Commons über die engen Grenzen des kapitalistisch gerade noch Erlaubten hinaus, indem Lohnabhängige Betriebe besetzten und die Forderung öffentlich diskutierten, sie zu Commons zu machen, zu Solidarischen Ökonomien mit Gemeinbesitz an Produktionsmitteln.

Andere Strömungen suchten dagegen der Lohnarbeit zu entkommen und betrachteten die Notwendigkeit, Geld zu verdienen – anders als traditionell sozialisierte Arbeiter – als ein notwendiges Übel, dem man mit wenig Eifer nachkam. Das Ziel der Hippies war entsprechend nicht der Kampf um Produktionsmittel, sondern der Ausstieg. Wie die zahlreichen Agrar-Kommunen zeigten, die Ende der Sechzigerjahre etwa in den USA entstanden und zumeist aus Unerfahrenheit rasch scheiterten, ließ sich aber auch dieser Traum nicht ohne eine Bewegung der Aneignung (oder durch zahlungskräftige Aussteiger) verwirklichen.

Der Kampf um Freiräume, Jugendzentren, Kulturlokale, nichtkommerzielle Medien, besetzte Häuser, die Aneignung von Waren ohne Tausch, die Selbstreduktion der Zahlungen für Miete, Strom und Heizung, die selbstdefinierte Freifahrt in öffentlichen Verkehrsmitteln waren allesamt Praxen des Commoning. Sie nahmen in Italien epidemische Formen an. Bereichsweise, je nach Vehemenz ihres Vorwärtsdrängens und der Effektivität der staatlichen Gegenwehr, gelang es diesen Kämpfen für eine Zeit lang Commons zu konstituieren.

Die Zuwächse der Produktivität sanken im Ergebnis der Ausweitung all dieser Praxen des Commoning und der Commons selbst. Das Commoning der sozialen Kämpfe stärkte die Widerstandskraft gegen die Ausbeutung der Arbeit, zum Teil indem man sich ihr schlicht entzog. Zugleich stiegen die Kosten der Investitionen in neue Maschinen, die Löhne und die Kosten sozialer Leistungen des Staates, die von den Kämpfen erzwungen wurden oder ihrer Vorbeugung und Befriedung dienen sollten. Die Profitrate des gesellschaftlichen Gesamtkapitals fiel im Durchschnitt der damals industrialisierten Länder vom Ende der Sechzigerjahre bis zu Anfang der Achtzigerjahre. Die im Verlauf der Siebzigerjahre zunehmende soziale Unruhe in allen Bereichen der Gesellschaft drückte sich in einem

Diskurs des Kontrollverlusts aus. Dieser Diskurs bereitete ein Projekt zur Stärkung des Staates vor, das der Neoliberalismus schließlich durchsetzte.

Das vermögensbasierte Akkumulationsregime der neoliberalen Periode dämmte schließlich manche Widersprüche des Nachkriegskapitalismus (Fordismus) ein. Es gelang dem Neoliberalismus soziale Widerständigkeiten teils niederzuschlagen, teils jedoch in ein neues Wachstumsregime einzubinden. In den USA, aber auch in anderen Ländern, spielte dabei die Verschuldung der privaten Haushalte eine wichtige Rolle. So konnte man mittels Konsums einen großen Teil der Lohnabhängigen erneut in das Kapitalsystem integrieren, obwohl die Löhne stagnierten. Das Commoning wurde durch eine Verschärfung der Konkurrenz geschwächt, die solche Ziele der Achtundsechziger-Bewegung wie Autonomie und Kreativität in individuellen Leistungskampf umdefinierte.

Die Eindämmung der fordistischen Widersprüche gelang allerdings nur um den Preis neuer Widersprüche. Vor allem aber war dieses Regime nicht darin erfolgreich, den Fall der Profitrate dauerhaft aufzuhalten, der schon den Kern der Krise der Siebzigerjahre gebildet hatte. Auch die Krise des vermögensbasierten Wachstumsregimes ist deshalb letztlich ein Resultat des Widerstands gegen die Ausbeutung und nicht das Ergebnis irgendeines mysteriösen Gesetzes der Marktwirtschaft, der Gier der Kapitalisten oder unzureichender Regulierungen der Finanzmärkte. Dieser Widerstand, der am Anfang jeder kapitalistischen Krise steht, weil er allein den Profit und seine Verwertung begrenzt, wurzelt in den Commons und ist selbst Commoning, das je nach den sozialen Kräfteverhältnissen weitere Commons neu herzustellen sucht.

Eine Verdichtung von Krisentendenzen: die Vielfachkrise

Die unterschiedlichen Stränge der gegenwärtigen Krise haben zum guten Teil schon eine lange Vorgeschichte. Eine Reihe solcher Krisentendenzen ist wie in einer Explosion binnen eines Jahres, nämlich 2008, zum Durchbruch gekommen. Vor allem aufgrund steigender Energie- und Rohstoffpreise fielen schon in den Jahren zuvor die Profitraten. Wesentlich dafür war unter anderem das Streben breiter Schichten in den Schwellenländern nach mehr Konsum, aber auch der Widerstand im globalen Norden gegen eine deutliche Absenkung der Löhne. Steigende Energiepreise unterminierten die finanzielle Pyramide an ihrem schwächsten Punkt, in den USA, daraufhin kollabierte beinahe das weltweite Finanzsystem. Zeitgleich stiegen die Nahrungsmittelpreise steil an, die Menge der Hungernden wurde größer. In der Folge kam es zu Revolten und in mehreren arabischen Ländern zu politischen Umstürzen. Seither wächst die soziale Unruhe, neue Runden sozialer Angriffe schüren das Feuer.

Die Profitkrise wird durch eine Krise der fossilen Energieversorgung verschärft, die ihrerseits eine Klimakrise heraufbeschworen hat, die, neben anderen Faktoren, die Krise der Ernährung vertieft. Weil soziale Teilhabe über Erwerbsarbeit und die Steuereinnahmen des Sozialstaates von der Profitproduktion abhängen, vergrößert die Profitkrise das soziale Elend. Dies könnte zu politischen Krisen, vielleicht sogar zu Staatskrisen führen.

Unter den verschiedenen Aspekten der Vielfachkrise wird der ökologische Krisenstrang langfristig die entscheidende Rolle spielen. Ihre unterschiedlichen Stränge verknoten sich in der Frage der Landnutzung, die zunehmend umkämpft ist.

Denn die fossilen Ressourcen fungierten für das Kapital als eine Art „unterirdischer Wald" (Rolf Peter Sieferle) und lösten damit die Holzkrise der frühen Neuzeit. Nach der „Abholzung" weiter Teile dieses „Waldes" (bei Erdöl vermutlich bereits die Hälfte, mit nun im Schnitt abnehmenden Produktionsraten und steigenden Förderkosten) müssen der Energie- und Stoffbedarf erneut auf die Landfläche zurückkehren und erhöhen dort den Nutzungsdruck.

Im Jahr 2008 war daher ein richtiggehender Run auf Land zu verzeichnen, der sich in einer sprunghaften Zunahme von großflächigen Landaneignungen durch inländische und ausländische Investoren äußerte. Seither wird diese Entwicklung als Land Grabbing diskutiert. Darin zeichnet sich eine wesentliche Fluchtlinie des Kapitals an den Grenzen seiner Wachstumsmöglichkeiten ab: Es werden erneut die Landressourcen interessant. Damit geraten freilich auch wiederum die Commons ins Visier oder das, was von ihnen übrig ist, etwa in Afrika.

Ausgewählte Literatur

Die Geschichte der Commons in Europa schreiben Federici (2004) und Linebaugh (2008), von Procacci stammt das Verständnis des Pauperismus als Widerstandsbewegung (1991), Defert (1991) schreibt über die Selbstorganisation der frühen Arbeiterinnenbewegung. Die Krisenanalyse folgt Exner u. a. (2008), Exner (2010) sowie Exner u. a. (2011) und dort angegebener Literatur. Einen Überblick der Bewegungen um 1968 findet sich in Reitter (2002). Nuss (2006) beschäftigt sich mit Aneignungskonflikten um geistiges Eigentum, De Angelis (2012) beschreibt die ambivalente Rolle von Commons in der aktuellen Krisendynamik.

Neue Einhegungen – neue Kämpfe um Commons

Anhand von zwei Themen soll hier auf aktuelle Kämpfe um Commons eingegangen werden, nämlich am Beispiel digitaler Commons und der Ernährung. Das ermöglicht es, Gemeinsamkeiten und Unterschiede zwischen materiellen und immateriellen Commons zu diskutieren und verschiedene Ebenen solcher Commons-Praxen zu analysieren. Die Fragen bezüglich Eigentums an Wissen stehen ebenso wie das Thema Ernährung und Landwirtschaft aus gutem Grund im Zentrum aktueller Auseinandersetzungen um Commons im globalen Norden. Es sind in unseren Breiten jene Bereiche, wo in den letzten Jahren vermehrt Einhegungen geschehen sind, wo sich Wissensformen und Eigentumskonzepte verändern und daher auch Auseinandersetzungen um Definitionsmacht in einer breiteren Öffentlichkeit geführt werden. Über die Frage des geistigen Eigentums wird das Konzept des ausschließenden Privateigentums auch in den Industriestaaten erneut aufgerollt.

Wem gehört das Wissen? Digitale Einhegungen und Gegenwehr

Das Thema geistiges Eigentum berührt viele Felder. Es geht dabei um Saatgut ebenso wie um Patente auf Medikamente, um Verwertungsrechte in der Musikindustrie und den Umgang mit öffentlichen Forschungsmitteln. Wenn wir hier zwei Themen herausgreifen, dann nicht deshalb, weil wir diese für wichtiger halten als andere, sondern weil es sich um Themen handelt, die derzeit viel öffentliche Aufmerksamkeit erhalten. Die Auseinandersetzungen werden – nicht nur, aber auch auf ideologischer Ebene – mit großer Härte geführt. Die Verwendung von Begriffen, die Wahl der Argumente, die daraus hervorgehenden Institutionen und politischen Programme weisen ebenso wie die Widerstände dagegen viele

Parallelen zu den Kämpfen um die Commons am Beginn des Kapitalismus auf, als es darum ging, Land zu Privateigentum zu machen.

Schon die Tatsache, dass der Schutz des Urheberrechtes von seinen Befürwortern gern als die Magna Carta des Informationszeitalters bezeichnet wird, macht deutlich, dass man sich der Dimension der Frage bewusst ist. Im Gegensatz zu den Ansprüchen der Zapatistas bezieht sich dieser Vergleich jedoch auf deren modernes Verständnis, das Freiheit als Schutz des Privateigentums fasst. Man könnte es als Ironie der Geschichte bezeichnen, dass ein Gesetz, dessen ursprüngliche Intention es war, Commons vor dem Zugriff der Macht zu schützen, nun zur Stärkung von privaten Eigentumsrechten herangezogen wird. Dabei war das weder im europäischen Urheberrecht noch in der ursprünglichen Idee des Eigentums- oder Patentrechtes in den USA notwendigerweise angelegt.

In Europa war der Zugang zu Büchern und schriftlichen Informationen lange Zeit durch Privilegien beschränkt. Sie wurden von den Herrscherhäusern für bestimmte Bücher an Druckereien vergeben und wirkten auch als eine Art der Zensur. Das Zugeständnis eines Urheberrechtes im 18. Jahrhundert für den Schöpfer des Werkes verbesserte deshalb die allgemeine Zugänglichkeit von Wissen und Information. Das europäische Urheberrecht schützt die Rechte des Urhebers, über die Nutzung seines Werkes zu bestimmen. Es ist unveräußerlich, der Urheber kann aber das Nutzungsrecht an Verwertungsorganisationen abtreten. Die Letztentscheidung bleibt in seiner Hand.

Zum Zeitpunkt ihrer Entstehung in den USA am Beginn des 18. Jahrhunderts bezeichneten Patentschutz und Copyright keine Rechte, sondern Privilegien. Erfinder oder Schöpfer von literarischen Werken mussten diese beantragen und bekamen sie für maximal 14 Jahre gewährt. Nach Ablauf dieser Frist fiel jede Erfindung und jedes Werk automatisch in die Public Domain, also an die Öffentlichkeit, zurück. Die Idee dahinter war, dass Früchte des menschlichen Geistes grundsätzlich ein Commons sind, weil niemand alleine der Schöpfer eines Werkes sein kann und dieses daher auch allen zugänglich sein sollte. Die Möglichkeit eines begrenzten Patentschutzes sollte einen Anreiz für Erfinder bieten, ihr Werk der Öffentlichkeit zu übergeben und den Schöpfern literarischer Werke eine angemessene Entlohnung ermöglichen. Die Inanspruchnahme dieser Privilegien erfolgte damals eher selten. Dies änderte sich sukzessive mit der zunehmenden Bedeutung von Medien und Wissenschaft. Erst 1976 fiel die Bedingung, dass man das Copyright registrieren lassen musste, wenn man es in Anspruch nehmen wollte. Der Anspruch darauf entstand nun automatisch. Vorangetrieben vor allem durch den Unterhaltungskonzern Walt Disney gilt das Copyright heute bis 70 Jahre nach dem Tod des Autors und beginnt durch jede Neuauflage des Werkes wieder von vorne. Wer sein Urheberrecht nicht in Anspruch nehmen will, muss heute komplizierte bürokratische Hürden überwinden. Anders als beim europäischen Urheberrecht geht es beim amerikanischen Copyright ausschließlich um Verwertungsrechte, die auch veräußerbar sind.

Begründet wird das Urheberrecht mit einem Schöpfungsakt des Urhebers, also mit einem Rückgriff auf die Eigentumstheorie John Lockes. Die bürgerliche Theorie des Eigentums wurde damit auf immaterielle Güter ausgeweitet. Eng mit der zunehmenden Bedeutung des Urheberrechtes verbunden ist die Institution der Verwertungsgesellschaften, die für die einzelnen Autorinnen oder Künstler die Beträge einheben. Es entstand eine eigene Verwertungsindustrie.

Dass geistige Erzeugnisse ein privates Eigentum sind, ist keine Erfindung der letzten Jahre, sondern dem Kapitalismus schon lange eingeschrieben. Allerdings wird der Charakter des Privateigentums seit einigen Jahren immer stärker betont und sanktioniert, was mit der wachsenden Bedeutung von Wissen und Information als Produktionsmittel und Profitquelle zusammenhängt. Deshalb wurden in jüngerer Zeit die geistigen Eigentumsrechte auch zum Gegenstand internationaler Handelsabkommen, etwa im TRIPs, dem Abkommen über handelsbezogene Aspekte über Rechte am geistigen Eigentum als Teilvertrag der WTO, aktuell in ACTA (Anti-Counterfeiting-Trade-Agreement oder Abkommen zur Verhinderung von Internetpiraterie) oder in den USA im Fall des Stopp-Online-Piracy-Act SOPA. Die Einbeziehung immaterieller Güter in Handelsverträge enthält implizit die Festschreibung ihrer Warenform und setzt damit Fakten. Die vielfältigen Widerstände dagegen zeigen, dass – wie im 16. und 17. Jahrhundert in Bezug auf Land – diese Fakten bei weitem nicht von allen anerkannt werden.

Während sich jedoch die bürgerliche Eigentumsordnung auf immer mehr Bereiche erstreckt oder dort, wo sie schon lange Bestand hat, verschärft, entstand in den letzten Jahren durch neue Technologien eine subversive Gegenströmung. Die Entwicklung und massenhafte Verbreitung des Internet brachte digitale Güter hervor, die es in dieser Form vorher nicht gegeben hatte. Für sie gab es daher auch keine Eigentumsregelungen, stattdessen bot sich Raum für Aneignungsprozesse. Das Internet als von seiner inneren Logik her anarchisches Medium, das ohne zentrale Steuerung und – sofern die notwendige Infrastruktur gegeben ist – ohne geografische Grenzen funktioniert, wurde zum öffentlichen Raum. Darin wird gegen die neuen Eigentumsregime und die dazugehörigen Gesetze, Institutionen und Technologien mobilisiert.

Open Source versus Freie Software – Commons für oder gegen den Markt?

Die weite Verbreitung des Internet wurde möglich durch einen Akt der Schenkökonomie, der das Tauschprinzip negierte und stattdessen auf Reziprozität basierte. Der Entwickler des World Wide Web, Tim Burners-Lee, stellte seine Erfindung, eine Weiterentwicklung verschiedener älterer Technologien, der Öffentlichkeit frei zur Verfügung. So bietet das Internet nie zuvor gekannte Möglichkeiten der Kommunikation und des freien Austausches von Informationen und Wissen. Auch dieser Raum ist jedoch von der Ambivalenz der Commons geprägt. Er hat ebenso großes Potential für Unternehmen, neue Kunden zu akquirieren, neue Vertriebswege zu erschließen und für Staaten, ihre Bürger zu überwachen. Das Internet wurde daher schnell zu einem Feld gesellschaftlicher Auseinandersetzungen und Begehrlichkeiten. Idealtypisch ist das anhand der Beispiele von File-Sharing und Freier Software zu zeigen.

Wikipedia beschreibt unter „Geschichte des Internet" die Anfänge des Internetzeitalters als „eine graswurzel-basierte Selbstorganisation", in der eine Ökonomie des Teilens vorherrschte.[23] Je breiter der Anwendungsbereich der neuen Technologien wurde, desto mehr durchkreuzten manche dieser Praktiken die Interessen

23 http://de.wikipedia.org/wiki/Geschichte_des_Internets

großer Unterhaltungskonzerne. Sie kamen in Konflikt mit bestehenden Eigentumsrechten und zogen die Schaffung neuer Gesetze nach sich. Die Praxis des File-Sharing, der Weitergabe von Musik in digitaler Form an Freunde, geriet bald als Diebstahl von geistigem Eigentum in Verruf. Anders als eine CD, die sich nicht vermehrt, wenn man sie herleiht, entsteht beim Teilen einer Datei jeweils eine Kopie davon auf einer anderen Festplatte. Verständlich, dass Musikunternehmen das bald als Bedrohung sahen. Mit zahlreichen Klagen trieben sie die Ausweitung der Urheberrechte auf diese nun digitalen Güter voran. Damit entstanden auch die entsprechenden Institutionen und Technologien zu deren Kontrolle und Verwaltung. Heute werden Internettauschbörsen zu einem Großteil kommerziell betrieben und sind gebührenpflichtig. Der Kampf um die Urheberrechte im Internet ist jedoch noch lange nicht vorbei.

Konzerne sehen sich nach wie vor zu ideologischen Kampagnen genötigt, die darauf zielen, die Nutzer solcher Plattformen als Kriminelle zu stigmatisieren. Das reicht bis zum Einsatz einer „Kopierpolizei“[24] in Schulen und einer Bildungsinitiative des deutschen Justizministeriums, für die Microsoft die Unterrichtsmaterialien erstellte. Die Begriffe „Piraterie“ und „Raub“ werden eingesetzt, um das Unrechtsbewusstsein in der Bevölkerung zu fördern. Sie wurden postwendend mit Gegenkampagnen, die sich ebenfalls vorzugsweise an ein jugendliches Publikum wenden, wie z. B. dem Trickfilm „copying is not theft“[25] beantwortet. Auch die Versuche technischer Sicherungen sind nur mäßig erfolgreich, sie werden umgehend gehackt. Gesetzliche Regelungen werden durch immer neue Arrangements, die kaum nachzuverfolgen sind, umgangen. Die Hacker sind sozusagen die Diggers des Internetzeitalters.

Einen anderen Verlauf nahm die Entwicklung Freier Software. Hier gab es von Anfang an ein starkes Interesse an Geheimhaltung von Seiten der Computerindustrie. Der Quellcode wurde zurückgehalten, damit war es unmöglich, ein Programm an die eigenen Bedürfnisse anzupassen. Das motivierte Richard Stallman dazu, ein neues „freies“ Betriebssystem namens GNU zu entwickeln. Den

24 http://www.copypolice.de/de/index.php
25 http://www.youtube.com/watch?v=IeTybKL1pM4

Quellcode dafür machte er frei zugänglich. Er gründete die Free Software Foundation (FSF) und schuf die General Public License GPL, die vier Freiheiten der Software garantierte:

1. Die Freiheit, die Werke zu jedem Zweck zu nutzen.
2. Die Freiheit, die Werke an eigene Bedürfnisse anzupassen, wofür möglichst auch der Quellcode zur Verfügung stehen sollte.
3. Die Freiheit, Kopien der Werke weiterzugeben (auch kommerziell).
4. Die Freiheit, die Werke zu verändern und die Neukreationen zu veröffentlichen, sodass die gesamte Gemeinschaft davon profitiert. Die Werke müssen allerdings unter den gleichen Bedingungen weitergegeben werden, also wieder mit offenem Quellcode.

Der letzte Punkt bedeutet, dass einmal freie Inhalte nie wieder proprietär werden können, was zu einer ständigen Zunahme von freien Inhalten im Netz führt. Von Stallman stammt auch die Wendung von „Copyright – all rights reserved" in „Copyleft – all rights reversed". Dabei wird nicht auf das Urheberrecht verzichtet, was ja rechtlich nicht möglich ist, sondern es handelt sich um eine subversive Nutzung bestehenden Rechts, um dessen Intention umzukehren und Information freizugeben. Die FSF hat einen explizit politischen Anspruch, sie verbindet das Ziel freier Software mit der Vision einer freien Gesellschaft und erhebt einen gesellschaftsgestaltenden Anspruch. Zwar dürfen Dienstleistungen, die mit der Software in Zusammenhang stehen, verkauft werden, die FSF versteht sich aber selbst als Gegenpol zum kapitalistischen Eigentums- und Marktmodell.

In Abgrenzung dazu entstand in den späten Neunzigerjahren die Open-Source-Bewegung, die auch den Quellcode frei gab, aber ohne den politischen Anspruch zu übernehmen. Hier ging es von Anfang an darum, die Vermarktung zu ermöglichen und geeignete Geschäftsmodelle zu entwickeln. Diese Form von quelloffener Software wird heute wegen ihrer vielfältigen Vorteile bereits von vielen Unternehmen und Einrichtungen der öffentlichen Verwaltung genutzt, wodurch der Bedarf an professioneller Betreuung und Unterstützung steigt. Dieses Modell ist bestens ins Marktsystem integrierbar.

Beide Konzepte existieren nach wie vor parallel, die Ideen der Freien Software jedoch finden mehr und mehr Eingang in andere gesellschaftliche Diskussionen, bei denen es um die Frage des freien Wissenszuganges geht, etwa bei Open Science oder Open Government Data. Forschungsergebnisse sollen der ganzen wissenschaftlichen Community zur Verfügung gestellt werden, um Innovation voranzutreiben, während die Patentierung von Entdeckungen weitere Forschung erschwert. Besonders mit öffentlichen Mitteln geförderte Forschung soll ihre Ergebnisse nicht patentieren dürfen. Daten des öffentlichen Sektors sollen allgemein zugänglich gemacht werden, damit Bürgerinnen einen besseren Überblick über die Tätigkeit der Regierungen haben und damit bessere Beteiligungsmöglichkeiten.

Verwertung und Überwachung

Eng mit dieser Diskussion verknüpft ist die Auseinandersetzung um den Datenschutz und neue Technologien zur Überwachung und Kontrolle. Es handelt sich dabei sozusagen um die andere Seite der Medaille. Während nämlich Unternehmen ein Interesse daran haben, Inhalte, also Musik, Filme, Informationen oder Codes unter Urheberrechtsschutz zu stellen, um damit Profit zu machen, haben sie ebenso großes Interesse daran, die Daten ihrer Nutzerinnen zu sammeln und darüber frei zu verfügen, um sie gewinnbringend zu verkaufen. Als Grundregel dabei gilt: Ist ein Dienst gratis, so ist die Nutzerin die Ware. Dienste wie Google oder Facebook sammeln die Daten ihrer Nutzer und verkaufen sie an Unternehmen weiter, damit diese ihre Werbung genauer auf die jeweiligen Kunden abstimmen können. Auch hier liegen die Interessen der Nutzerinnen genau umgekehrt – sie wollen die Inhalte frei und ihre Daten als ihr Privateigentum unter Schutz gestellt.[26]

Wie bei den Einhegungen am Beginn des Kapitalismus stehen auch hier nicht nur kommerzielle Verwertungsinteressen hinter der Einhegung von Daten und Inhalten, sondern ebenso massive Über-

26 Siehe dazu die erfolgreiche Klage zweier österreichischer Studenten gegen Facebook, die großes Medieninteresse erregt hat: http://www.europe-v-facebook.org/

wachungsstrategien. Sie sollen die Durchsetzung der neuen Eigentumsrechte garantieren und die Menschen disziplinieren. Die Funkzellenüberwachung etwa folgt in ihrer Zielsetzung genau der Idee des Panoptikums. Das Mobiltelefonnetz ist in sogenannten Funkzellen organisiert. Bei Demonstrationen und anderen Großveranstaltungen ist es gängige Praxis, dass ganze Funkzellen in der entsprechenden Region lückenlos überwacht werden. Das heißt, es werden auf Betreiben der Polizei sämtliche Verbindungsdaten einer spezifischen Funkzelle abgefragt und ausgewertet. So wird die Telefonnummer jedes Mobiltelefons ermittelt, das zu diesem Zeitpunkt in dieser Funkzelle angemeldet war – letztlich also der Standort seines Besitzers. Es lassen sich so die Bewegungen einzelner Personen nachvollziehen und Bewegungsprofile erstellen. Und es kann aufgeklärt werden, wer mit wem wie häufig und von wo aus kommuniziert. Das kann – ohne bestehenden Verdacht – tausende Menschen zu Objekten polizeilicher Ermittlungen machen, ohne dass sie davon wissen – selbst wenn sie nicht Teil einer politischen Demo sind. Einerseits können solche Daten im Ernstfall der Aufstandsbekämpfung von Polizei und Militär zielgenau eingesetzt werden. Andererseits wird durch solche Praktiken, gemeinsam mit den allgegenwärtigen Überwachungskameras im öffentlichen Raum, das Gefühl ständigen Überwachtwerdens für die Menschen des digitalen Zeitalters zur Normalität und zieht eine dementsprechende Selbstdisziplinierung nach sich – allerdings auch vielfältige Versuche, der Überwachung zu entgehen.

Nachdem die Pro- und Kontra-Diskussionen über solche Technologien lange Jahre kaum von der Öffentlichkeit bemerkt und nur in Fachkreisen geführt wurden, gelang es den Kampagnen gegen die Vorratsdatenspeicherung, gegen ACTA und SOPA, eine breite Öffentlichkeit zu erreichen. Dies nötigte die Politik zum Einlenken. Wie in der Geschichte schon des Öfteren der Fall, wird mit positiv besetzten Argumenten der Anschein des Allgemeininteresses erweckt, um breiten Konsens zu den Interessen einer kleinen Gruppe zu erhalten. Von Wirtschaft und Politik werden als Argumente für ACTA vor allem Sicherheitsaspekte – besonders die Bekämpfung von Terrorismus und organisierter Kriminalität – und der Schutz der Urheber vorgebracht. Stillschweigend wird dabei der Unterschied zwischen Urheberrechten und Verwertungsrechten unter den Tisch gekehrt. Unter dem Vorwand, die Rechte chronisch unterbezahlter Autoren und Künstlerinnen zu schützen, werden die Verwertungsrechte der Unterhaltungs- und Kulturindustrie verteidigt.

Die Auseinandersetzungen um Urheberrechte berühren nach Rainer Kuhlen einige der Grundfesten moderner Gesellschaften: „Mit dem Urheberrecht werden ja stellvertretend am Beispiel Wissen und Information Fragen aufgeworfen, deren Beantwortung sehr unterschiedliche Konsequenzen haben könnte. Zum einen: ob sich Menschen und [...] Gesellschaften durch eine weitgehend freie Nutzung materieller und immaterieller Güter auf nachhaltige Weise entwickeln können. Oder zum anderen, ob sie [...] in ihren Möglichkeiten dadurch beschränkt werden, dass sich einige das als private Güter mit Eigentums- und Schutzanspruch aneignen, was im Grunde in der Verfügung aller sein sollte." Die Urheberrechtsdebatte sei, so Kuhlen, beispielhaft dafür, „wie in allen Politik-, Rechts- und Lebensbereichen die Verfügung über das, wovon alle Menschen abhängen, organisiert werden soll."[27]

Die Frage nach dem Privateigentum wird im digitalen Zeitalter neu gestellt

Damit tritt die Eigentumsfrage wieder ins Zentrum des öffentlichen Interesses. Dass Privateigentum, vor allem nach dem Ende der Sowjetunion, weithin als eine gute oder überhaupt die einzige Möglichkeit gilt, Wohlstand herzustellen, wird mittlerweile zumindest in bestimmten Bereichen hinterfragt. Während am Höhepunkt des Neoliberalismus die wenigen Versuche mit kollektiven Eigentumsformen über marginale Bedeutung nicht hinauskamen und öffentliches Eigentum, die „verstaatlichten Commons", zunehmend unter Druck kamen, schwappt nun die Debatte um das geistige Eigentum auch auf andere Bereiche über, etwa auf öffentliche Räume, öffentliche Infrastruktur oder die Wohnungsfrage. Dort bezieht man sich weniger auf rechtliche Aspekte, sondern stellt vor allem die Frage nach der Kontrolle über die eigenen Lebensbedingungen. An verschiedenen Punkten taucht die Idee der Aneignung durch die Nut-

27 http://www.inf.uni-konstanz.de/netethicsblog/?p=470

zerinnen wieder aus den Untiefen der Geschichte auf und greift auf alte Symbole und Metaphern wie eben den Commons-Begriff oder den Begriff der Allmende zurück. Menschen fordern Selbstbestimmung ein und allerorten wird mit Alternativen experimentiert. Die Zahl der Publikationen, die sich mit alternativen Wirtschaftsformen und entsprechenden Initiativen beschäftigen, steigt und diese stoßen auf wachsendes Interesse.

Analog zu den Hackern, die sich den digitalen Einhegungen widersetzen, werden auch das Geld-, das Markt- und das Rechtssystem „gehackt". Recht, das dazu gedacht ist, Privateigentum und Profitmöglichkeiten abzusichern, wird ganz im Gegenteil dazu eingesetzt, Häuser und Grundstücke dem Immobilienmarkt zu entziehen und sie selbstverwalteten Gruppen für gemeinschaftliche Wohnformen günstig zur Verfügung zu stellen. Beispiele dafür sind das Mietshäusersyndikat[28] oder die Stiftung Trias[29]. Solche Praxen setzen einen ursprünglichen, alten Gedanken der Wohnbaugenossenschaft fort und beleben ihn neu.

Oder Menschen gründen gemeinsame Ökonomien, sie legen ihr Geld zusammen und jeder kann sich nehmen, was er braucht, unabhängig von der Höhe der Einzahlung. Im Moment ist eine Vernetzung solcher Gruppen in Planung, damit die Umverteilungswirkung eine breitere Basis erhält.[30] Der Tauschlogik, in der nur seine Bedürfnisse befriedigen kann, wer vorher genug Geld verdient hat, wird so eine Logik der wechselseitigen Unterstützung, der Reziprozität entgegengesetzt. Auch das ist freilich eine alte Form des Widerstands gegen das Kapital – Beispiele sind die Kibbutz-Bewegung und ihre Vorläufer, auf die noch eingegangen wird.

Bürgerinnen erzwingen die Rekommunalisierung der Wasserversorgung und nehmen die Stromversorgung ihrer Gemeinde selbst in die Hand, weil sie zur Überzeugung gekommen sind, dass gewinnorientierte Anbieter weder ihrem Interesse nach billiger Energie noch der Notwendigkeit des Ausstiegs aus der fossiler Energie in angemessener Weise Rechnung tragen. Aber auch, weil sie die Infra-

28 http://www.syndikat.org
29 http://www.stiftung-trias.de/
30 http://www.gemeinsame-oekonomie.net

struktur nicht wieder in die Hand der Stadtregierungen legen wollen, die sie zuvor privatisiert hatten. So geschehen etwa in Schönau, dessen Bürgerinnen als „Schwarzwälder Stromrebellen“[31] bekannt wurden, oder beim Berliner Wasser- und Energietisch[32]. Vieles, das in den letzten Jahrzehnten eindeutig in Richtung einer Durchdringung der ganzen Gesellschaft mit der Marktlogik wies, ist in Bewegung geraten. Die Krisensituation trägt das ihre dazu bei, dass solche Versuche nicht sofort wieder unterdrückt oder umstandslos integriert werden können.

Diese Prozesse zeigen, wie durch neue Technologien und gesellschaftliche Entwicklungen die Eigentumsfrage immer wieder neu formuliert wird, sie zeigen, dass Privateigentum keine Naturgegebenheit ist, sondern ein umkämpftes soziales Konstrukt und als solches veränderbar. Während in der digitalen Welt die einen versuchen, nach der alten Logik so viele profitträchtige Schäfchen wie möglich ins Trockene zu bringen und noch möglichst viel dem Kapital unterzuordnen, sehen die anderen eine neue Art der Gesellschaft heraufdämmern, neue Vorstellungen von Eigentum, neue Produktionsweisen und auch neue Formen der Demokratie, die durch die neuen Technologien möglich werden sollen. Schließlich beansprucht die Bewegung Freier Software für sich, mit der Peer-Produktion ein Modell für die Produktionsweise der Zukunft zu entwickeln. Wie sehr sich solche Produktionsmodelle auch für stoffliche Produktion einsetzen lassen, ist noch nicht absehbar, obwohl es bereits Versuche gibt.

Bei all der Euphorie über die Potentiale des Internets für soziale Veränderung wird von vielen Vertretern der Creative Commons Bewegung die stoffliche Basis der digitalen Commons ausgeblendet. Die Nutzung der modernen Kommunikationstechnologie insgesamt (PCs und Internet inklusive) beruht auf der extremen Ausbeutung von Rohstoffen und Arbeitskraft in den Ländern des Südens. Die digitalen Commons ruhen buchstäblich auf massenhafter, systematischer Vergewaltigung, Vertreibung, Sklaverei und dem Krieg als Lebensform. In Form von Kunststoffmüll und Elektroschrott, aber

31 http://www.ews-schoenau.de/

32 http://berliner-wassertisch.net/, http://berliner-energietisch.net/

auch durch ihren bedeutenden Energieverbrauch tragen die digitalen Commons weiters zur ökologischen Krise bei. Die Zweideutigkeit von Commons wird hier zugespitzt sichtbar, Lösungen sind noch nicht in Sicht.

Mit Solidarischen Ökonomien in Richtung Ernährungssouveränität?

Sowohl für die Erlangung von Autonomie vom hegemonialen Marktsystem als auch für die Fragen von Klimawandel und Peak Oil sind Ernährung und Landwirtschaft von zentraler Bedeutung. Schließlich fließt ein großer Anteil des Erdölverbrauchs in die Erzeugung und Verteilung von Nahrungsmitteln. Die kollektive Eigenproduktion von Nahrungsmitteln kann zudem in Krisensituationen wie etwa im Zuge des Peak Oil, des Höhepunkts der Erdölförderung, der möglicherweise bereits überschritten ist, zu einer Existenzfrage werden. Es ist also kaum verwunderlich, dass sich aktuell viele Arten Solidarischer Ökonomien rund um diese Themen entwickeln.

Man kann grob zwei Typen der Selbstorganisation des Zugangs zu Nahrungsmitteln unterscheiden: Beim ersten Typus bleibt die Arbeitsteilung zwischen Stadt und Land grundsätzlich aufrecht, allerdings werden die Beziehungen zwischen Konsumenten und Produzentinnen nicht ausschließlich marktförmig gestaltet. Dieses Segment reicht von Food-Coops bis zu Formen gemeinschaftlicher Landwirtschaft, auch CSA (Community Supported Agriculture) genannt, mit vielen Zwischenstufen. Bei Urban-Gardening hingegen geht es darum, die Stadt selbst zum Ort gemeinschaftlicher, selbstorganisierter Produktionsprozesse zu machen. Dabei werden das Ziel der Selbstversorgung und das Ziel der Stärkung sozialer Beziehungen in den Nachbarschaften mit jeweils unterschiedlicher Gewichtung verfolgt. In all diesen Projekten werden Praktiken des Commoning umgesetzt, die in verschiedenen Aspekten und mit unterschiedlicher Radikalität die Zwänge von Markt und Lohnarbeit und zum Teil auch das Privateigentum überwinden. Wir konzentrieren uns auf den ersten Typ, die Kooperation zwischen Erzeugerbetrieben und Verbrauchern.

Food-Coops und AMAPs

Eine Food-Coop ist im Grunde eine Einkaufsgenossenschaft: Eine Gruppe von Menschen schließt sich zusammen, um gemeinsam einzukaufen. Ein wichtiges Ziel ist es in allen Fällen, regionale und biologische Nahrungsmittel zu bekommen. Die Mitglieder übernehmen auch Arbeiten wie das Bestellen, Verteilen und Abrechnen der Ware. Durch die Ausschaltung des Zwischenhandels und die Eigenarbeit können hochwertige Lebensmittel billiger erworben werden als im Handel. Dadurch sollen solche Lebensmittel auch Menschen mit geringem Einkommen zugänglich gemacht und außerdem lokale Produzenten unterstützt werden.

Während es manchen Food-Coops hauptsächlich um diesen Aspekt geht, kommen bei anderen noch ideelle Aspekte dazu. Es geht oft darum, Erfahrungen kollektiven Handelns zu machen, sich auch über Fragen von Lebensmittelproduktion und -konsum auszutauschen, voneinander zu lernen und das Bewusstsein für Probleme der Lebensmittelproduktion zu schärfen, Rezepte zu teilen, manchmal auch gemeinsam zu kochen oder zu feiern. Wichtig ist für alle der direkte Kontakt zu den Produzenten, um deren Situation kennenzulernen. Gekauft wird, was vorrätig ist und möglicherweise dringend verbraucht werden muss. Häufig wird etwa besonders bei kleinen Produzenten eingekauft, die alte Sorten züchten und anbauen. Kleine Betriebe wirtschaften in vielen Fällen biologisch, können sich aber die Zertifizierung oft nicht leisten, ihre Ware also auf dem Markt nicht als Bio-Ware anbieten. Weil die Food-Coop-Mitglieder die Produzentinnen besuchen und selbst feststellen können, wie dort produziert wird, ist eine Zertifizierung nicht notwendig. Die Preise können individuell vereinbart werden. All diese Aspekte nehmen ein Stück des Marktdruckes von Produzenten und Konsumentinnen. Im Grunde bleibt aber die Tatsache des Äquivalenztausches bestehen und das Risiko beim Produzenten. Die Frage des Privateigentums wird in Food-Coops insoweit angesprochen, als etwa Selbstverwaltung oder genossenschaftliche Organisation der Erzeugerbetriebe als Auswahlkriterium herangezogen werden können. Dieser Aspekt wird vor allem für importierte Lebensmittel wie Tee oder Kaffee relevant, wenn direkte Kontakte zu Produktionskollektiven in Entwicklungsländern aufgenommen werden.

Über das Prinzip der Food-Coop hinaus gehen die französischen AMAPs (Association pour le Maintien d'une Agriculture Paysanne – Vereinigung zur Erhaltung der bäuerlichen Landwirtschaft). Als Reaktion auf die negativen Auswirkungen der industriellen Landwirtschaft und das Überhandnehmen genetisch veränderter Nahrungsmittel entstanden in den Achtzigerjahren durch Zusammenschlüsse von Konsumentinnen die ersten derartigen Gruppen in Frankreich. Gemeinsam mit Biobauernvereinigungen erarbeiteten sie Kriterien für eine biologische, bäuerliche Landwirtschaft einerseits und für verantwortungsbewussten, solidarischen Konsum andererseits. Es geht vor allem um eine Produktionsweise, die natürliche Grundlagen bewahrt und auf die Bedürfnisse der Menschen, auch der Produzentinnen, Rücksicht nimmt.

Der Beitrag der Konsumenten besteht darin, die jährlichen Kosten für die Lebensmittelproduktion im Voraus zu bezahlen (die Bezahlung kann auch in monatlichen oder vierteljährlichen Raten geleistet werden) und damit das Risiko mit den Produzenten zu teilen. Die Produzentinnen verpflichten sich im Gegenzug zur Bereitstellung der Saison entsprechender regionaler Produkte in ausreichender Vielfalt, sodass auch bei Schädlingsbefall oder schlechter Witterung noch genug Nahrungsmittel zur Verfügung stehen. Weitere Ziele sind der schrittweise Verzicht auf chemische Düngemittel und Pestizide sowie die Transparenz der Produktionsweise. Für beide gilt die Verpflichtung, am sozialen Leben der AMAP teilzunehmen, das bedeutet, sich an Hofbesuchen, Weiterbildungen und Netzwerktreffen zu beteiligen. Ein Produzent kann für mehrere AMAPs arbeiten, eine AMAP kann mehrere Produzenten für verschiedene Lebensmittel (Gemüse, Getreide, Milchprodukte, Fleisch) integrieren. Das Ziel ist vor allem die Entlastung kleinbäuerlicher Betriebe von der Konkurrenz durch die Agrarindustrie.

Heute gibt es an die 1.600 AMAPs in Frankreich, die untereinander in einem mehrstufigen System vernetzt sind, wobei jede Gruppe für sich autonom agieren kann. Die einzelnen Gruppen bestehen aus 40 bis 60 Haushalten, die Verträge mit einem oder mehreren Produzenten abschließen. Diese Gruppen sind zu einer Plattform innerhalb des Departments zusammengeschlossen, die nächste Ebene ist die Region und derzeit ist eine nationale Vernetzungsebene im Entstehen. Auf der regionalen Vernetzungsebene gibt es hauptamtlich Angestellte, die Koordinationsaufgaben übernehmen und neue Gruppen beim Aufbau beraten. Die Einhaltung der Kriterien wird von Konsumentinnen und Produzenten gemeinsam überwacht. Etwa alle zwei Jahre wird jeder Hof von einer gemischten Gruppe besucht. Dies wird nicht als Kontrolle verstanden, sondern als ein gemeinsames Arbeiten an der Verbesserung der Lebensmittelproduktion und der Annäherung an die Kriterien bäuerlicher Landwirtschaft.

In den AMAPs wird das System des Äquivalenztausches im Binnenverhältnis bis zu einem gewissen Grad gelockert. Die Konsumenten bezahlen einen Fixbeitrag in einer Höhe, die das Überleben des Produktionsbetriebes sichert, unabhängig von der Menge der Lebensmittel, die sie dafür bekommen. Das Selbstverständnis der Beteiligten ist: Es wird nicht Gemüse „gekauft", sondern es wird ein finanzieller Beitrag für den Erhalt bäuerlicher Landwirtschaft geleistet, der von der Menge der dafür gelieferten Produkte entkoppelt ist und durch die Bedürfnisse der Produzentinnen und die Möglichkeiten der Konsumenten bestimmt wird. Es kommt also zu einer Beziehung zwischen Produzenten und Konsumenten, die über das Tauschprinzip hinausweist. Menschen lassen sich nicht auf die reine Konsumentenrolle reduzieren. Die Mitglieder der AMAPs bezeichnen sich als consom'acteurs („aktive" Konsumenten), auf Deutsch wird häufig von „Prosumenten" gesprochen. Nicht infrage gestellt wird dabei die Eigentumsform, die Höfe sind im Privateigentum der Produzentinnen.

Interessant an den AMAPs ist, dass sie alle Elemente der Bauprinzipien von Commons nach Ostrom aufweisen. Zur Befriedigung gemeinsamer Bedürfnisse nach regionalen, gesunden Nahrungsmitteln und dem Erhalt der bäuerlichen Landwirtschaft unter dem Druck zunehmender Industrialisierung schließen sich Menschen zusammen, das heißt, Konsumenten und Produzenten versuchen die strukturelle Rücksichtslosigkeit, in die sie der Markt zwingt, abzuschwächen. Die an einer AMAP Beteiligten finden Regeln, durch die sie sich bei der Befriedigung ihrer Bedürfnisse wechselseitig so weit wie möglich unterstützen. Und sie kontrollieren diese Regeln selbst. Um das Prinzip auf eine größere Zahl von Menschen ausdehnen zu können, verbinden sich viele kleine Einheiten mit beschränkter, gut handhabbarer Mitgliederzahl. Diese vernetzen sich auf mehreren Ebenen miteinander, wobei diese Vernetzung keine Hierarchie darstellt, es gibt keine Durchgriffsmöglichkeiten der höheren Ebene auf die unteren. Die Organisation auf Department- und Regionsebene hat nur koordinierende und unterstützende Funktion.

Community Supported Agriculture (CSA)

Das Konzept der gemeinschaftlichen oder solidarischen Landwirtschaft geht noch einen Schritt weiter. Neben der Abschwächung des Äquivalenztausches und der Risikoteilung wird hier in vielen Fällen auch Umverteilung zwischen den Konsumentinnen praktiziert, um auch einkommensschwachen Schichten die Teilnahme zu ermöglichen, manchmal wird mit neuen Eigentumsformen experimentiert, sodass gänzlich neue soziale Beziehungen entstehen.

„Gemeinsam landwirtschaften" – Gärtnerhof Ochsenherz

Die erste österreichische CSA ist GELA Ochsenherz in Gänserndorf, etwa 30 km nördlich von Wien. Der Gärtnerhof Ochsenherz ist ein Demeterhof[33], der von einer Gruppe von Produzenten betrieben wird, die vor allem auf den Erhalt von Sortenvielfalt, Samengewinnung und Sortenzüchtung Wert legt. Mit der Bewirtschaftung nach entsprechenden Kriterien konnte durch den Verkauf auf Bauernmärkten kein ausreichendes Einkommen für die Produzenten erzielt werden. Nach einem Vortrag über CSA Ende des Jahres 2009 entstand die Idee, die Vermarktung auf ein derartiges System umzustellen, was im Jahr 2011 zum ersten Mal umgesetzt wurde.

GELA Ochsenherz versteht sich als Projektgemeinschaft zwischen Produzentinnen und Konsumenten, die sich für eine regionale und sozial verträgliche Landwirtschaft und für alternative Wirtschaftsformen einsetzen und ebenso gesunde wie geschmackvolle Lebensmittel essen wollen. Es sollen sowohl natürliche als auch soziale Kreisläufe geschlossen werden, gemeinsame Verantwortung und gegenseitige Unterstützung sollen eine zukunftsfähige Landwirtschaft ermöglichen. Als besondere Serviceleistung werden etwa mit

33 http://www.demeter.at

dem Gemüse immer auch Informationen zu den gelieferten Sorten und Rezepte mitgeliefert.

Die Gruppe hat keine rechtliche Struktur, sondern funktioniert über individuelle Vereinbarungen zwischen den Hofbetreibern und den Abnehmerinnen der Lebensmittel, die als „Ernteanteilhaberinnen" bezeichnet werden. Das soll verdeutlichen, dass auch hier die Beteiligten die bloße Konsumentenrolle und die Trennung zwischen Konsumenten und Produzenten zurückweisen. Durch Solidarbeiträge von finanziell besser gestellten Personen soll auch Studierenden, Arbeitslosen oder Pensionistinnen die Teilnahme ermöglicht werden. Mithilfe bei der Arbeit ist möglich, aber nicht verpflichtend. Die Vereinbarungen sollen immer für ein ganzes Jahr abgeschlossen werden.

Wie in den AMAPs wird der jährliche finanzielle Bedarf auf der Basis kollektivvertraglicher Entlohnung der Hofbetreiber festgelegt. Bei der Jahresversammlung, woran alle Ernteteilhaberinnen verpflichtend teilnehmen müssen, werden die Abrechnung des vergangenen Jahres vorgelegt und die neuen Beiträge entsprechend dem Budgetantrag für das kommende Jahr fixiert. Die Ernteanteilhaber geben anonym den Beitrag bekannt, den sie leisten wollen.

Die Bilanz der Beteiligten ist nach einem Jahr durchwegs positiv, was das Funktionieren des Projektes betrifft. Für die Hofbetreiber bedeutete das Projekt eine erstmals gesicherte Existenz, die Ernteanteilhaber sind mit der Qualität der Produkte ebenso wie mit der Vielfalt äußerst zufrieden. Durch die hohen Standards der Sortenvielfalt, Samengewinnung und Sortenzüchtung ist die Produktion jedoch sehr arbeitsintensiv, was die Kosten entsprechend in die Höhe treibt und nicht bei allen auf Zustimmung stößt. Für viele Menschen stellt dies trotz der Möglichkeit des frei wählbaren Beitrages sicherlich eine Zugangshürde dar. In der momentanen Form ist die GELA Ochsenherz ein Mittelschichtsprojekt, das ohne großzügige Zuwendungen vermögender Mitglieder nicht existenzfähig wäre.

Seikatsu Club

Der Seikatsu Club ist Teil der in Japan sehr entwickelten Kooperativen-Bewegung. Es gibt in Japan an die 600 Konsumgenossenschaften mit 22 Millionen Mitgliedern, das sind etwa 20 Prozent der Bevölkerung. Eine herausragende Rolle in dieser umfangreichen Kooperativen-Landschaft spielt die Seikatsu Club Consumers' Co-operative Union (SCCU), ein Zusammenschluss von 29 Kooperativen mit insgesamt 307.000 Mitgliedern aus unterschiedlichen Bereichen, die meisten von ihnen Frauen.[34] Er stellt eine echte Graswurzelinitiative dar, die es schaffte, für ihre Mitglieder mehr soziale Gleichheit und ökologische Tragfähigkeit herzustellen.

Begonnen hat alles 1965, als sich eine Gruppe von Hausfrauen zusammenschloss, um gemeinsam Milch einzukaufen. Sie hatten den Eindruck, dass sie in den Supermärkten Milch von schlechter Qualität zu überhöhten Preisen kaufen mussten. 1968 entstand die Seikatsu Club Kooperative und begann mit der gemeinsamen Vorbestellung von Lebensmitteln. Der Zusammenschluss war eine Reaktion auf die Abkehr der Regierung von weitgehender nationaler Selbstversorgung mit Nahrungsmitteln und damit einhergehender Marktöffnung, die zu einer Zunahme der Lebensmittelimporte führte, was Bauern und Konsumenten verunsicherte. 1989 bekam die SCCU den „Right Livelihood Award", den alternativen Nobelpreis, mit der Begründung verliehen, sie stelle „eine alternative ökonomische Praxis gegen die in der Industriegesellschaft vorherrschenden Effizienzorientierung dar". 2000 startete die Kampagne gegen Gentechnik in der Landwirtschaft. Seit damals beteiligen sich einzelne Kooperativen an internationalen Netzwerken auch zu anderen Themen, etwa in der Friedensbewegung oder der Hilfe für Erdbebenopfer.

Die SCCU organisiert den Einkauf, die Verteilung und die Kontrolle von verschiedenen Konsumgütern des täglichen Bedarfs, wobei der Schwerpunkt auf Nahrungsmitteln liegt. Gibt es keine den Ansprüchen genügenden Produkte, organisiert die SCCU auch die Produktion durch angeschlossene Unternehmen, wie etwa eine Molkerei. Der Jahresumsatz 2007 betrug 240 Millionen US-Dollar. Die SCCU finanziert sich aus monatlichen Beiträgen der Mitglieder in Höhe von etwa 10 Euro[35], die 30 Prozent bis 70 Prozent ihrer

34 Die Zahlen stammen von der Webseite der SCCU und beziehen sich auf das Jahr 2007.

35 1.000 Yen

Lebensmittel über die Kooperative beziehen. Sie leisten auch einen hohen Anteil an unbezahlter Eigenarbeit und häufig auch über den verpflichtenden Mitgliedsbeitrag hinausgehende finanzielle Zuwendungen.

Die kleinste Einheit ist der Han, eine Gruppe von fünf bis zehn benachbarten Haushalten. Hier werden die Bestellungen der Mitglieder gesammelt an den Kooperativen-Verband abgeschickt. Von dort geht eine Sammelbestellung direkt an die Produzenten. Die Güter werden zweiwöchentlich an den Han ausgeliefert. So ist gewährleistet, dass die Lebensmittel absolut frisch ankommen. Durch das Han-System erspart man sich die Lagerhaltung und künstliche Verlängerung der Frischhaltedauer, der Zwischenhandel wird ausgeschaltet, viele Arbeiten bei der Bestellung und Verteilung übernehmen die Mitglieder ehrenamtlich. Durch die Vorbestellung kann genau nach Bedarf produziert werden, es entsteht kaum Überschuss und dadurch weniger Abfall. Der entscheidende Punkt ist, dass die Konsumenten die Initiative übernehmen, indem sie ihren Bedarf anmelden. Dann erst beginnt die Produktion. Viele Probleme kapitalistischer Unternehmen entfallen dadurch, Werbung wird unnötig, auch aufwändige Verpackung kann eingespart werden. Die Effizienz wird erhöht, dadurch kann die SCCU trotz besserer Qualität meist geringfügig niedrigere Preise bieten als der übliche Markt. Dieses Produktionsmodell bietet mehr Sicherheit für Produzenten und Konsumenten.

Die Ziele der SCUU sind gesunde Nahrung für ihre Mitglieder zu fairen Preisen. Dahinter steckt aber viel mehr, nämlich eine fundamentale Veränderung der Beziehung zwischen Produzenten und Konsumenten und zwischen Menschen und natürlicher Umwelt. Menschen lassen sich nicht auf ihre Konsumentenrolle reduzieren. Es geht vor allem auch darum, Vertrauensverhältnisse aufzubauen, die Bedürfnisse von Konsumenten und Produzenten werden gleichermaßen berücksichtigt.

Um Produkte zu erhalten, die für die Menschen und für die Umwelt gut sind, hat die SCCU Sicherheits-, Gesundheits- und Umweltprinzipien erarbeitet und etabliert, zu deren Einhaltung sich die Produzenten verpflichten. Die Konsumenten garantieren die Abnahme der bestellten Produkte zu einem Preis, der die Existenz der Produzenten sichert. Ein Organ, das von Konsumenten und Produzenten besetzt ist, kontrolliert die Einhaltung.

Aus dem SCCU sind zwei weitere Bewegungen hervorgegangen, die Netzwerk-Bewegung und die Bewegung der Arbeiterkollektive. Diese drei Kooperativen-Verbände gemeinsam legen den Grundstein für kooperative Gemeinden, vernetzen sich aber auch mit NGOs und Kooperativen in der ganzen Welt. Die Netzwerk-Bewegung ist zudem als politische Organisation registriert und tritt zu Wahlen an.

1972 begann die Verarbeitung von Nahrungsmitteln in eigener Produktion, wenn auf dem Markt nicht die gewünschte Qualität erhältlich war. Es entstanden Arbeiterinnenkollektive, die Produkte speziell für die SCUU nach deren Anforderungen herstellten und damit lokale Arbeitsplätze schafften, auch hier wieder meist für Frauen. Eine für Japan neue Form der Kooperative, in der Arbeiterinnen auch die Besitzerinnen und die Managerinnen ihrer eigenen Unternehmen sind. 2007 gab es 582 Arbeiterinnenkollektive mit insgesamt mehr als 17.000 Mitgliedern. Ihre Haupttätigkeiten sind die Verarbeitung von Nahrungsmitteln sowie Pflege-, Sozial-, Umwelt- und Bildungsdienstleistungen. Zudem gibt es ein eigenes Forschungszentrum für soziale Bewegungen, das von der SCCU initiiert wurde.

Der Seikatsu Club hat allerdings in den letzten Jahren mit Problemen zu kämpfen: Weil die Mitglieder für die Finanzierung, die Verwaltung und den Verkauf verantwortlich sind, ist ein hoher Anteil an unbezahlter Eigenleistung notwendig. Es kommt zu Klagen über die hohe Arbeitsbelastung ohne finanzielle Belohnung. Weil auch in Japan die eher traditionellen Formen von Gemeinschaft zerbrechen und Frauen zunehmend einer Lohnarbeit nachgehen, sinken die Beteiligung und die Mitgliedszahlen. Durch den steigenden Anteil an über 65-Jährigen treten zudem Gesundheit und Pflegebedürfnisse gegenüber der Versorgung mit Lebensmitteln in den Vordergrund. In den letzten Jahren haben sich daher verstärkt Gesundheits- und Sozialkooperativen aus der SCCU entwickelt. Laut Angaben der Organisation hat dieser Schritt die Mitgliederzahl seither wieder stabilisiert.

Im Unterschied zu europäischen Kooperativen durchdringen die gemeinsamen Tätigkeiten hier sehr viel mehr das ganze Alltagsleben und gehen weit über eine Kooperation etwa zur Nahrungsmittelbeschaffung hinaus. Vor allem im Bereich der Gesundheitskooperativen scheint die soziale Kontrolle über den eigenen Lebensstil aus einer westlichen Perspektive sehr hoch zu sein.

Kritisch zu hinterfragen ist auch die hohe Beteiligung von Frauen. 80 Prozent der Führungsgremien sind von Frauen besetzt, die SCCU wird oft als „Frauen-Demokratie" bezeichnet. Allerdings war diese hohe Beteiligung von Frauen an ehrenamtlicher Arbeit nur möglich, weil diese oft keinen Zugang zu Lohnarbeit hatten und daher über freie Zeit verfügten.

Dissidente Identitäten im kapitalistischen Umfeld

Alle diese Versuche, Marktlogik und Konsumentenrolle zu überwinden, sind durch das kapitalistische Umfeld beschränkt. Sie bleiben in Marktbeziehungen eingebettet – durch die Lohneinkommen, die sie finanzieren, und aufgrund der Ausgaben der Produzenten, die ihre Konsumgüter und Produktionsmittel am Markt kaufen müssen. Trotz der ansatzweisen Umverteilung zwischen Konsumentinnen, die in einigen der vorgestellten Modelle praktiziert wird, hängt das Bestehen letztlich doch davon ab, dass Konsumenten über ausreichend Einkommen verfügen, entweder durch Lohnarbeit oder weil sie selbst Kapitalisten oder Unternehmer sind. Das Funktionieren solidarischer Landwirtschaft bleibt bislang also vom Funktionieren der Marktwirtschaft abhängig.

Für Produkte aus bäuerlichen Betrieben müssen die Konsumierenden häufig mehr bezahlen als für solche aus industrieller Landwirtschaft. Das führt dazu, dass ein Teil der Konsumenten für die Aufrechterhaltung der Beziehung zum Produzenten persönliche Einschränkungen auf sich nehmen muss, ein nicht unerheblicher Teil der Bevölkerung sogar von vorneherein von einer Beteiligung ausgeschlossen ist. Wenn die direkte Beziehung zwischen Betrieb und Konsumentinnen so hoch geschätzt wird, dass dabei sogar auf an sich sinnvolle Economies of Scale (Größenvorteile) verzichtet wird, verweist das eher auf ein Bedürfnis nach Authentizität und Reziprozität als auf eine verallgemeinerbare Perspektive, was in einer

Marktwirtschaft systematisch negiert und unterdrückt wird. Inwieweit dieses Modell in einer arbeitsteiligen Gesellschaft als Basis einer gesellschaftlichen Alternative gelten kann, scheint somit fraglich.[36]

Diese Einschränkungen zeigen, dass solche Projekte für sich genommen noch keine Ernährungssouveränität garantieren, wenngleich sie Schritte in diese Richtung sind. Solange Gemüse gegen Geld den Besitzer wechselt, ist eine Entkopplung vom Marktsystem nicht möglich. Wenn Menschen allerdings zu reflektieren beginnen, wie viel Geld von wem aufgebracht und was genau damit in welcher Höhe abgegolten wird, dann kommt das ans Licht, was nach Marx normalerweise „hinter dem Rücken der Akteure“ geschieht. Wird der Preis eines Produktes im anonymen Austausch über den Markt ermittelt, so erscheint er als objektive Eigenschaft des Produktes. Dass mit dem Vergleich der Produkte auf dem Markt auch die Lebensperspektiven ihrer Erzeuger und Besitzer gegeneinander abgewogen werden, bleibt den Konsumierenden üblicherweise verborgen. Setzen sie sich damit jedoch gemeinsam auseinander, so können sie zu dem Ergebnis kommen, dass etwa der Preis von 1 kg Kartoffeln nicht nur über die Existenz des Produzenten entscheidet, sondern außerdem nicht für alle Mitglieder gleich sein sollte, solange ihre Einkommen und Lebenshaltungskosten differieren. Dadurch kann den Beteiligten bewusst werden, dass es sich beim Preis um ein soziales Konstrukt handelt, sprich um ein bestimmtes soziales Verhältnis.

Angesichts der Bedeutung der Ideologie für die Durchsetzung und Aufrechterhaltung einer gesellschaftlichen Ordnung, sind solche Prozesse der Bewusstwerdung wichtig. Das gleiche gilt für die Zurückweisung der von der Systemstruktur vorgeschriebenen Konsumentenrolle. Es können dabei soziale und persönliche Entwicklungen in Gang gesetzt werden, welche die Definitionsmacht der Herrschenden über die Möglichkeiten der Organisation von Gesellschaft unterlaufen und weitere emanzipatorische Schritte möglich machen. Immer dann, wenn Reziprozität entsteht, werden Markt-

36 Dies gilt nicht für den Seikatsu Club, der in der älteren Tradition der Genossenschaften steht und in weiten Bereichen auf marktähnlichen Strukturen und Kriterien basiert.

verhältnisse zumindest ideologisch angegriffen, in Formen solidarischer Landwirtschaft auch materiell.

Durch die Gründung von Erzeuger-Verbraucher-Genossenschaften oder die Entwicklung eines umfassenden Systems des sozialen Ausgleichs und der Versicherung gegen Produktionsrisiken könnten die Verteilungsverhältnisse zwischen Kapital und Arbeit verändert und das Privateigentum an den Produktionsmitteln aufgelöst werden. Dann könnte diese Art der Lebensmittelversorgung eine Option für alle Menschen darstellen.

Das emanzipatorische Potenzial solcher Projekte hängt davon ab, ob sie sich in diese Richtung weiter entwickeln können und sich an umfangreicheren sozialen Kämpfen, auch Arbeitskämpfen, beteiligen. Von großer Relevanz etwa ist die Frage, ob sich Arbeitskämpfe intensivieren lassen, wenn die Lohnabhängigen ihren Konsumzyklus zum Teil vom Kapitalzyklus abkoppeln können, indem sie Beziehungen solidarischer Landwirtschaft eingehen. Nach Möglichkeit wären für eine solche Perspektive auch die Vorleister (Saatgutherstellung, Werkzeug- und Maschinenproduktion etc.) in eine expandierende Struktur der Reziprozität einzubeziehen.[37] Auf die großen Linien einer solchen Strategie der Auflösung des Kapitalismus wird im Schlusskapitel eingegangen.

Andernfalls könnten sie sich auch in den schon für den Neoliberalismus bestimmenden Zug der Privatisierung sozialer Verantwortung einordnen und – ähnlich wie Fair Trade – eher der Gewissensberuhigung als der Überwindung von Strukturen sozialer Ungleichheit und kapitalistischer Krisen dienen.

37 Bezeichnet W die Ware, G einen Geldbetrag und G‘ diesen Betrag vermehrt um den Profit, so lautet der Konsumzyklus W – G – W. Die fiktive Ware Arbeitskraft W erhält einen Teil ihres Produkts im Lohn G zurück um Konsumgüter W zu kaufen. Der Konsumzyklus ist üblicherweise vom Kapitalzyklus völlig abhängig; dieser lautet G – W – G‘. Er impliziert einen Wachstumsdrang und -zwang und ist aus sich heraus krisenhaft. In einer genossenschaftlich strukturierten Produktionsweise könnte sich der Konsumzyklus vom Kapitalzyklus teilweise entkoppeln, Marktverhältnisse könnten sich dann zugunsten einer fortschreitenden Struktur der Reziprozität auflösen.

Schlussfolgerungen

So unterschiedlich die angeführten Beispiele digitaler Commons und solidarischer Landwirtschaft sein mögen, sie haben doch Gemeinsamkeiten. All diese Bewegungen versuchen mit Grundlagen der Marktwirtschaft zu brechen und beanspruchen für sich, Alternativen zum dominierenden Wirtschaftssystem, Keimformen zukünftiger Entwicklungen zu sein.

Gemessen an den Reaktionen scheinen die Auseinandersetzungen um die Wissens-Commons für Kapital und Regierungen bislang die größere Bedrohung darzustellen. Das dürfte mehrere Ursachen haben. Erstens stellen Wissen und Informationen in verschiedener Form einen immer wichtiger werdenden Faktor zur Steigerung der Ausbeutung der lebendigen Arbeit durch den Einsatz digital gesteuerter Maschinen dar. Außerdem sind Wissen und Informationen in der Krise der Verwertung der Arbeitskraft – bislang jedenfalls – ein zunehmend wichtiger Faktor im Kampf der unterschiedlichen Kapitalfraktionen. Der Preis von Informationsgütern ist eine Art Maut, eine Informationsrente. Diese Maut kann nur eingehoben werden, wenn Wissen und Informationen Warenform annehmen. Zweitens bieten die neu entstandenen digitalen Güter, für die es noch keine angemessenen Regelungen gibt, Raum für Aneignungen und befördern kreative Subversion, die das Marktsystem selbst potenziell zu bedrohen scheint. Und schließlich erfüllt das Internet eine ähnliche Funktion wie das gemeinsam genutzte Land in der Geschichte: Es bietet potenziell unkontrollierbaren Raum für Kommunikation und die Organisierung von Widerstand.

Die Produktion von Nahrungsmitteln jenseits des Marktes ist grundsätzlich eine Bedrohung für die kapitalistische Akkumulation. Nicht weil im Ernährungssystem viel Mehrwert geschaffen würde (das ist nicht der Fall), sondern weil es in letzter Instanz der Hunger ist, der Lohnabhängige zur Lohnarbeit zwingt. Das war historisch so, gilt heute in den vielen Teilen der Welt und ist die Tendenz auch im globalen Norden. Je mehr die Lohnabhängigen selbst an Lebensmitteln produzieren oder ihren durch den Markt vermittelten Konsumzyklus vom Kapitalzyklus entkoppeln können, desto eher sind sie in der Lage, sich dem Kapital zu widersetzen.

Mit Ausnahme von Japan haben all diese Initiativen im globalen Norden erst in den letzten Jahren die Schwelle der öffentlichen Wahrnehmbarkeit überschritten. Es ist noch nicht abzusehen, welches Potential sie tatsächlich bergen, welchen Formen der Kooptierung oder Repression durch das Kapital sie ausgesetzt sein werden und in welchem Ausmaß sie es schaffen, durch ständige Weiterentwicklung und Vernetzung Widerstand dagegen zu leisten.[38] Allemal aber gelingt es solchen Projekten, alte Denkstrukturen bei Beteiligten wie in der interessierten Öffentlichkeit aufzubrechen und Auswege aus dem behaupteten Mangel an Alternativen aufzuzeigen. Ein nicht zu unterschätzender Erfolg auf der Ebene der ideologischen Auseinandersetzung und im Kampf um die Definitionsmacht angesichts der schwindenden Fähigkeit der neoliberalen Ideologie, eine für breite Bevölkerungsgruppen plausible Antwort auf die aktuellen Krisen zu finden.

Der Seikatsu Club unterscheidet sich positiv von allen anderen uns bekannten Ernährungsinitiativen in seiner politisch kämpferischen und thematisch vielfältigen Ausrichtung wie durch seine gesellschaftspolitische Perspektive, die sich in einer spartenübergreifenden genossenschaftlichen Struktur ausdrückt. Zwar organisiert der Club auch Reproduktionsarbeit (Lebensmittelversorgung, Betreuung alter Menschen), die wie im Kapitalismus weiterhin unbezahlt ist.[39] Allerdings ist das nur ein Teil seiner Tätigkeiten. Vor allem geht es ihm darum, diverse Aufgaben kollektiv zu erledigen, was der Tradition im westlichen Kapitalismus widerspricht. Die fehlende Verknüpfung mit Arbeitskämpfen[40] lässt auf eine Kompatibilität mit dem kapitalistischen Umfeld schließen. Darauf deutet auch der Umstand hin, dass die USA das japanische Genossenschaftswesen förderten, die Arbeitermilitanz dagegen bekämpften. Allerdings sind die Konsumgenossenschaften in Japan generell stark links geprägt (anders

38 Siehe etwa die Feldbesetzung vom 17. April 2012 in Wien. http://17april.blogsport.eu

39 Für die Medizin- und Seniorengenossenschaften spiele staatliche Unterstützung eine wesentliche Rolle, meint Peter Hartmann.

40 Diese wurden in Japan allerdings seit den Fünfzigerjahren generell durch sehr managementnahe Gewerkschaften und ein harmonistisches Gesellschaftsbild eingehegt.

als in Europa), vielfach mit einer Nähe der leitenden Gruppen zur Kommunistischen Partei, die größte nichtregierende Kommunistische Partei der Welt mit leninistischer Ausrichtung. Dies steht nicht im Widerspruch zur Feststellung von Peter Hartmann, dass intern häufig Demokratiedefizite existierten und die Genossenschaftsmitglieder zum größten Teil nur der wirtschaftlichen Vorteile wegen beiträten. Dadurch sei die politische Botschaft derselben entsprechend aufgesetzt.

Es gibt keine Insel des „Richtigen" in einem Meer des „Falschen". Daher verwundern die Einschränkungen und die Tendenzen zur Kooptierung der solidarökonomischen und auf Commons orientierten Initiativen, die sich unter anderem in den Bereichen Nahrungsmittel- oder Energieerzeugung zeigen, nicht. Solange ein demokratisch organisierter genossenschaftlicher Sektor nicht vollständig auf eigenen Beinen, das heißt ohne Rückgriff auf vom kapitalistischen Sektor abhängige Lohneinkommen, existieren kann, ist eine „richtige" Gesellschaft grundsätzlich nicht möglich, schon gar nicht in Nischen. Darüber hinaus schränkt die zunehmende Anpassung von Handelsgesetzgebung und Konsumentenschutz an die Anforderungen eines globalen Marktes die Möglichkeiten der Selbstorganisation ein.

Für die Lebensmittelindustrie formulierte Hygienevorschriften können kleine Ab-Hof-Vermarkter häufig nicht oder nur schwer erfüllen. Sind sie nicht in der Lage, ihnen zu entsprechen, so müssen sie die regionale Vermarktung einstellen und sich den Bedingungen der großen Handelsketten unterwerfen. Ein exzessiver Konsumentenschutz, wie er in den letzten Jahren aus den USA kommend nunmehr auch in der EU umgesetzt wird, reduziert die Bürger auf ihre Rolle als Konsumenten. Das macht es ihnen schwer, sich Lebensmittel in Kooperation mit den Produzenten regional selbst zu organisieren. Der Zusammenschluss von Konsumenten und Produzenten in Vereinen, um die Marktgesetzgebung zu umgehen, bietet dafür bestenfalls Lösungen im gesetzlichen Graubereich – ein Feld, in dem in nächster Zeit durchaus Auseinandersetzungen möglich scheinen.

Solange nicht Kämpfe um Land involviert sind, lässt sich Solidarische Ökonomie im Bereich der Nahrungsmittelversorgung relativ leicht und ohne mit dem Gesetz in Konflikt zu kommen verwirklichen – im Unterschied etwa zur Übernahme einer Fabrik. Es mehren sich jedoch die Indizien dafür, dass die Landfrage nicht nur im globalen Süden, sondern auch bei uns wieder ins Zentrum des Interesses rückt. Die Mitglieder der Gartenkoop Freiburg berichteten von Beginn an, dass es schwierig war, ein Grundstück zu finden, weil viele Bauern Lieferverträge für die Produktion von Agrotreibstoffen mit Energieunternehmen abgeschlossen hatten. Alle Grundstücke rund um den Garten wurden verbaut und es bestand die Gefahr, dass der Mietvertrag nicht mehr verlängert würde. Daher versucht nun die Gruppe das Geld für den Ankauf des Grundstückes aufzubringen, um eventuellen Verwertungsinteressen zuvorzukommen. Würde der Trend zu Gemeinschaftsgärten und CSAs anhalten und die Nachfrage nach solcherart nutzbarem Land zunehmen, wäre auch hier eine Zunahme sozialer Konflikte wahrscheinlich, die es um städtische Gemeinschaftsgärten schon vielfach gab, etwa in New York.

Und das Bestreben solidarischer Landwirtschaft, regionale Stoffkreisläufe zu schließen, bietet auch die Möglichkeit der Kooptierung durch Regierungen und Unternehmen. Die Idee nachhaltiger Regionen instrumentalisiert Gemeinschaften dafür, die Wettbewerbsfähigkeit der Regionen zu erhalten und durch ständige Anstrengungen die nachteiligen Effekte der globalen Standortkonkurrenz abzufedern, wie Massimo de Angelis zeigt. Die Erfolgschancen emanzipatorischer Bewegungen werden deshalb von zwei Bedingungen abhängen: erstens von der beständigen Weiterentwicklung und dem politischen Gegendruck, um den Versuchen der Kooptierung zu entgehen; zweitens vom Zusammenschluss zu größeren Netzwerken solidarischer Ökonomien, um die Unabhängigkeit von Markt und Staat zu erweitern. Einige der Beispiele, von denen das nächste Kapitel handelt, zeigen Ansatzpunkte, Potentiale und Schwierigkeiten solcher Versuche.

Ausgewählte Literatur

Für Fragen des geistigen Eigentums siehe Nuss (2006), für Fragen der Kooptierung von Commons de Angelis (2012). Gute Quellen zum Thema Landwirtschaft sind Restakis (2010) und Evanoff (1998). Hartmann (2004) analysiert die japanischen Konsumgenossenschaften.

Solidarische Ökonomie als Commons-Netzwerk: von Halbinseln gegen den Strom zur Gewinnung von Land

Eine solidarische Postwachstumsökonomie kann nur entstehen, wenn vereinzelte Solidarische Ökonomien und Commons ihren eigenen Binnenprinzipien folgend kooperieren und sich verbinden. Solche sozialen Innovationen entstehen immer in Nischen und weiten sich erst im zweiten Schritt aus. Solidarökonomische, commonsbasierte Produktionsweisen und Entscheidungsstrukturen gibt es daher auf unterschiedlichen Organisationsniveaus. Als „Halbinseln gegen den Strom" bezeichnet Friederike Habermann in einer Studie Beispiele innovativer Nischen. In Anlehnung daran werden im Folgenden ausgehend von einer solchen „Halbinsel" die im Organisations- und Komplexitätsniveau aufsteigende Form der „Insel", weiterhin des „Archipels" und schließlich die „Gewinnung von Land" beschrieben.

Halbinseln gegen den Strom: Kooperativen

Bei einer Kooperative handelt es sich um ein Projekt oder einen Betrieb. Sie beruht auf sozialer Gleichheit der Mitglieder und ihrer freiwilligen Kooperation. Eine Kooperative verwirklicht das Prinzip der Selbstverwaltung. Die Rechtsform der Genossenschaft korrespondiert damit nicht notwendigerweise. Allerdings war der Ursprung der Genossenschaftsbewegung stark am Kooperativgedanken orientiert. Ein Teil der heutigen Genossenschaften entspricht ihm nach wie vor. Die International Cooperative Alliance (ICA), eine Nichtregierungsorganisation, die rund 230 Genossenschaftsverbände in etwa 100 Ländern umfasst und als normative Richtschnur der Genossenschaften gilt, kommt zu folgender Definition: „Eine Genossenschaft ist eine autonome und freiwillige Vereinigung von Personen, um deren ökonomische, soziale und kulturelle Bedürfnisse und Wünsche mit Hilfe eines demokratisch kontrollierten Unternehmens, das sich in ihrem gemeinsamen Eigentum befindet, zu befriedigen.“[41]

Genauer betrachtet unterscheiden sich Genossenschaften durch vier Merkmale von kapitalistischen Unternehmen. Das Förderprinzip besagt, dass ihr Ziel nicht die Kapitalverwertung, sondern die Förderung ihrer Mitglieder ist. Weiterhin gilt das Identitätsprinzip, das heißt, je zwei am Markt getrennte Rollen fallen im Rahmen einer Genossenschaft in eins: Käufer und Verkäufer, Mieter und Vermieter, Schuldner und Gläubiger oder Kapitalist und Arbeiter. Schließlich unterliegt eine Genossenschaft zumindest idealtypisch dem Demokratieprinzip: Unternehmensziele, Geschäftsführung und die laufende Geschäftspolitik sind demokratisch legimitiert, wobei gilt, dass ein Mitglied auch (nur) eine Stimme hat, unabhängig von seiner Genossenschaftseinlage. Burghard Flieger betont, dass diese drei Formalkriterien nicht zur Abgrenzung von Genossenschaften ausreichten, vielmehr müsse auch ein spezifischer Genossenschaftsgeist ausgebildet sein, der allein erst das Solidaritätsprinzip und damit das vierte Merkmal verwirklichen könne.

Bedeutung und Typologie von Kooperativen

Laut Angaben der ICA sind weltweit rund 800 Millionen Menschen Mitglieder von Genossenschaften, die etwa 100 Millionen Arbeitsplätze umfassen, 20 Prozent mehr als die multinationalen Konzerne. Nach Schätzung der UNO beruhte 1994 der Lebensunterhalt von etwa der Hälfte der Weltbevölkerung (ca. 3 Milliarden) auf Genossenschaften.[42] Den stärksten Genossenschaftssektor weisen Finnland, Schweden, Irland und Kanada auf, wo etwa die Hälfte der Bevölkerung Mitglied in einer Genossenschaft ist. Die 300 weltweit größten Genossenschaften haben einen Umsatz von 1 Billion US-Dollar.[43]

41 http://www.ica.coop/coop/index.html

42 http://www.ica.coop/coop/statistics.html

43 Zamagni & Zamagni (2010: 36)

Beeindruckende Statistiken dürfen allerdings nicht darüber hinwegtäuschen, dass sich Genossenschaften stark voneinander unterscheiden. Die abstrakten Prinzipien demokratischer Kontrolle und gemeinsamen Eigentums können auf sehr verschiedene Weise verwirklicht werden. Sie besagen noch lange nicht, dass die Mitglieder auch tatsächlich einen substanziellen, geschweige denn einen gleichrangigen Einfluss auf das Unternehmen ausüben. Der weiter unten folgende Vergleich zwischen CECOSESOLA und Mondragón illustriert das.

Ein besser bekanntes Beispiel ist die Raiffeisen-Genossenschaft. Die Genossenschaftsbewegung in Österreich und Deutschland ist seit dem Ende des 19. Jahrhunderts stark von Friedrich Wilhelm Raiffeisen und Hermann Schultze-Delitsch geprägt. Ihr emanzipatorisches Potenzial war jedoch von vornherein begrenzt. Ziel war vor allem die Stärkung des Kleinbürgertums und einer kleinbürgerlich orientieren Bauernschaft, der Aufbau von Eigentum für die arbeitende Klasse und die Ablehnung sowie Ablenkung des Klassenkampfes. Raiffeisen hat dementsprechend auch kein solidarökonomisches Potential, sondern agiert wie ein kapitalistischer Konzern.

Agrargemeinschaften, die etwa in Österreich über erhebliche Flächen verfügen und eine sehr alte Commons-Tradition der Allmende (zumindest formal) fortschreiben, sind häufig von Konflikten und Einzelinteressen bestimmt. Von einer solidarökonomischen Perspektive sind sie in der Regel weit entfernt.

Es lassen sich verschiedene Typen von Genossenschaften unterscheiden. Fördergenossenschaften nehmen unterstützende Aufgaben für Haushalte oder Unternehmen wahr. Dazu gehören Konsum- und Wohnungsgenossenschaften sowie Kredit-, Absatz- und Agrargenossenschaften. Produktivgenossenschaften hingegen dienen der kollektiven Arbeit ihrer Mitglieder, die ihren Lebensunterhalt darauf aufbauen. Kommunen, die Wohnen, Konsum und Arbeiten kollektiv organisieren, entsprechen dem Typ der Vollproduktivgenossenschaft.

Die potenzielle Bedeutung von Kooperativen liegt darin, dass sie Entscheidungen über die Produktion und die Verteilung von Gütern und Diensten demokratisieren können. Solange sie in eine Marktwirtschaft eingebunden bleiben, was Genossenschaftsvertreter häufig dezidiert befürworten, können sie indes keine Solidarische Ökonomie bilden. Sofern die Prinzipien der Kooperation, der Freiwilligkeit, der Gleichheit und der Demokratie allerdings über die Grenzen der Betriebswirtschaft hinaus verwirklicht würden, wären Kooperativen in der Tat ein entscheidender Schritt in Richtung einer Solidarischen Postwachstumsökonomie. Sie würden damit freilich im selben Maße die Betriebswirtschaft als eine künstlich separierte Sphäre der Ökonomie auflösen.

Dass Kooperativen dieses Potential zum Teil besitzen könnten, legen Hinweise nahe. Studien von Weber u. a. zu demokratischen Unternehmensformen (mit recht unterschiedlichen Graden von Mitbestimmung) etwa zeigen, dass deren Mitglieder ein höheres Ausmaß an prosozialen und demokratischen Orientierungen aufweisen als im Durchschnitt, was auf die besondere Struktur der Unternehmen zurückzuführen ist. Fallstudien wie diejenige von Camila Piñeiro Harnecker zu Kooperativen in Venezuela machen deutlich, dass demokratische Organisationsformen mitunter die Kooperation nach außen fördern. Das ist einem kapitalistischen Betrieb grundsätzlich unmöglich. Die Entscheidungsgewalt liegt dort beim Management, das bestenfalls paternalistisch agieren kann.

Allerdings führt interne Demokratie nicht automatisch zu Kooperation nach außen, sondern hängt laut Harnecker von Erfahrungen in sozialen Bewegungen ab, vom Einfluss anderer solidarisch orientierter Institutionen und weiterer Faktoren. Die ökonomische Situation einer Kooperative hat ihrer Studie zufolge keinen Einfluss auf ein solidarisches Außenverhalten.

Die Einbettung in übergreifende soziale Kämpfe ist auch für das solidarökonomische Potential wiederangeeigneter Fabriken ausschlaggebend. Im Zuge der Krisen des Neoliberalismus kam es seit Ende der Neunzigerjahre immer wieder zur Aneignung und Weiterführung von bankrotten Betrieben durch die Belegschaft. Diese Aneignungen sind quantitativ nicht sehr bedeutend. In Argentinien zum Beispiel gibt es etwa 180 solcher Betriebe mit knapp 10.000 Arbeitern (Stand vor 2009). Sie haben jedoch die Arbeiterbewegungen in Argentinien, aber auch in Uruguay, Brasilien und Venezuela gestärkt. Fallstudien in Argentinien zeigen, dass vor allem die Erfahrung des heftigen Kampfes um einen Betrieb die egalitäre Orientierung einer Belegschaft begründet und aufrechterhält. Dabei fließen frühere Erfahrungen der Militanz und der egalitären Selbstverwaltung ein.

Das primäre Motiv der Aneignung von Fabriken in Argentinien ist der Erhalt des Arbeitsplatzes. Weitergehende Motive treten erst später hinzu, und das nur teilweise. Da die Besetzungen oft nur mit Unterstützung der Nachbarschaft gelingen, wird damit häufig ein starkes Band der Reziprozität zwischen Betrieb und Gemeinschaft begründet. Viele Betriebe zeigen sich nach der erfolgreichen Wiederaufnahme der Produktion mit der Gemeinschaft solidarisch, trotz vielfacher wirtschaftlicher Schwierigkeiten. Die Kooperation zwischen wiederangeeigneten Betrieben in Argentinien ist nur schwach ausgeprägt, anders als etwa in Brasilien, wo starke Organisationen dies unterstützen.

Es gibt in Lateinamerika Bemühungen, die Kooperation wiederangeeigneter Betriebe zu fördern, etwa seitens der Chávez-Regierung. Dies zeitigte bislang allerdings noch kaum Erfolge. Als Perspektive wurde beim ersten Kongress der wiederangeeigneten Betriebe in Caracas 2005 ein Netzwerk von Betrieben diskutiert, das unter anderem eine wechselseitige Unterstützung durch Güter und Dienste ohne Bezahlung organisiert. Wiederangeeignete Betriebe in Brasilien werden von der Gewerkschaft und vom Staat weitaus besser unterstützt als in Argentinien. Die Betriebe in Argentinien sind dagegen häufig in einer schwierigen ökonomischen Lage, die eine stark entwickelte innere Demokratie gefährdet. Abgesehen von der beeindruckenden Fortführung der Betriebe und den sozialen Freiräumen, die dies eröffnet, kann die Veränderung der Beteiligten und ihrer Beziehungen hin zu einer kämpferischen Solidarität als ein Erfolg der Aneignungen gelten.

Der Vergleich von Städten mit unterschiedlichem Anteil an Genossenschaften in der italienischen Region Emilia Romagna ergab, dass Gleichheit und Lebensqualität mit dem Grad der genossenschaftlichen Prägung einer Stadt steigen. Solche Befunde sind jedoch immer im Kontext der konkreten Unternehmensrealität zu sehen, von der bloßen Organisationsform (oder gar der Rechtsform) auf die solidarökonomische Gestalt und Brauchbarkeit einer Genossenschaft zu schließen, ist nicht möglich. Kooperativen ohne Commons-Perspektive dienen bestenfalls der regionalen Wettbewerbsfähigkeit, wie das Beispiel des Kooperativen-Komplexes Mondragón oder der genossenschaftlich geprägten Regionalökonomie der Emilia Romagna in Italien zeigen. Die Emilia Romagna gilt aus diesem Grund sogar als Musterbeispiel eines erfolgreichen postfordistischen Firmenclusters im globalen Standortwettbewerb. Als „Emilian Model" fand es Eingang in die Literatur zum kapitalistischen Regionalmanagement.

Das Beispiel der Alternativbetriebe

Debatten zur Solidarischen Ökonomie beziehen sich immer wieder auf die Erfahrungen der Alternativbetriebe seit den Siebzigerjahren. Diese waren ein Produkt der Bewegungen nach 1968 und hatten eine beachtliche Dimension. In den Achtzigerjahren gab es etwa in Deutschland schätzungsweise zwischen 9.500 und 18.000 Alternativbetriebe mit 66.500 bis 180.000 Mitgliedern.[44] Gisela Notz gibt für die Siebziger- und Achtzigerjahre 3.000 bis 12.000 Betriebe mit 25.000 bis 100.000 Personen an, eine andere Schätzung nennt gar 450.000.[45] Der Sektor umfasste Druckereien, Buchläden, Verlage und Zeitungen, Lokale, Kulturgruppen sowie Beratungs- und Bildungseinrichtungen. Weiters gehörten dazu Gewerbe- oder Handelsbetriebe, die vor allem im Bereich ökologisch verträglicher Produkte, etwa Textilien und Lebensmittel, tätig waren. Die eigentliche Bedeutung der Alternativbetriebe liegt allerdings nicht in ihrem quantitativen Umfang, sondern einerseits in ihrer Rolle im Kontext der damaligen Widerstandsbewegungen, andererseits in der Formierung der postfordistischen Produktionsweise des Neoliberalismus.

Eine Studie von Arndt Neumann lässt mehrere Entwicklungsphasen unterscheiden. Das Prinzip der Selbstverwaltung und der Anspruch, das eigene Leben zu verändern, wurzelten in der Gegenkultur der Sechzigerjahre. Die Politisierung der Gegenkultur am Ende der Sechzigerjahre wurde von einer durch Kadergruppen geprägten Phase abgelöst, die nach dem Vorbild der revolutionären Arbeiterbewegung in den Betrieben intervenierte. Mitte der Sieb-

44 Flieger (1997: 82)
45 Notz (2011: 93)

zigerjahre sah sich dieser Ansatz in einer Krise, einerseits mangels Erfolges, andererseits aufgrund der Belastung des täglichen Lebens mit den Anforderungen der politischen Arbeit, darunter der staatlichen Repression.

Die Bewegungen wandten sich daher erneut den gegenkulturellen Strömungen zu. Es ging darum, „Ansätze zu einer eigenen, den politischen Kampf stützenden Ökonomie zu stärken“ und „keimhafte Strukturen der neuen Gesellschaft“ zu schaffen, wie es in einem zeitgenössischen Artikel stellvertretend heißt.[46] Der Aufbau solcher Strukturen wurde zuerst noch dem revolutionären Kampf untergeordnet und mit der Notwendigkeit seiner Fortführung begründet. Allerdings zeigte sich bald, dass die spezifische Widerstandshaltung gegen die Normen des Kapitalismus den Fortbestand vieler Alternativprojekte gefährdete. Aus diesem Grund suchte man nach Möglichkeiten, den Einzelnen zu motivieren, ohne auf Hierarchie und Sanktionen zurückzugreifen.

Diese neue Form der Selbstregierung in den Kollektiven wurde zu einem wichtigen Labor der heutigen Mechanismen von „Leistung ohne Hierarchie“ und des Selbstunternehmertums. Sie wurde im selben Ausmaß wichtiger als die Projekte in finanzielle Schwierigkeiten gerieten, das heißt den Auslesemechanismus des Marktes zu spüren bekamen. „Diejenigen, die sich jahrelang der Arbeit verweigert hatten, waren jetzt bereit, 50 bis 60 Stunden in der Woche zu arbeiten. In dem Maße, in dem sich das Bedürfnis nach Autonomie mit unternehmerischem Denken verband, vergrößerte sich die Bereitschaft, schlechte Arbeitsbedingungen zu akzeptieren“, stellt Neumann fest.[47]

Auch die Alternativbewegung insgesamt sah sich nach kurzer Zeit aufgrund dieser Widersprüche, wegen der Isolation von der Mehrheitsgesellschaft und der staatlichen Repression in einer Krise. Am Ende der Siebzigerjahre legten viele daher den Schwerpunkt auf die Verteidigung alternativer Freiräume im Rahmen der kapitalistischen Gesellschaft. Viele brachen endgültig mit der Idee der bewaffneten Revolution, man betonte nun Sensibilität als einen Gegen-

46 zit. in Neumann (2008: 16)
47 Neumann (2008: 34)

satz zur Militanz. Dennoch blieb der Wunsch nach einem freieren Leben ungebrochen, 1978 pilgerten 20.000 Menschen zum Tunix-Kongress in Berlin, welcher die bis dahin größte Gründungswelle von Alternativbetrieben auslöste.

Der Kongress markierte einen qualitativen Wendepunkt, die Alternativbewegung löste sich ab nun fortschreitend von einer revolutionären Orientierung. Zugleich wurde das Bestreben von Teilen der Öffentlichkeit sichtbar, die revoltierenden Jugendlichen in ein neues Projekt gesellschaftlicher Ordnung einzubinden, indem man einige ihrer Forderungen aufnahm – sofern sie mit der Aufrechterhaltung des Privateigentums und der repräsentativen Demokratie kompatibel waren.

Dieses Projekt war der sich entwickelnde Neoliberalismus. Eine Scharnierfunktion übernahmen in diesem Prozess die sogenannten Neuen Unternehmensberater, die oft in der Alternativbewegung sozialisiert waren. Sie brachten die mit der Marktwirtschaft kompatiblen alternativen Orientierungen an Kreativität, Selbstverantwortung und Flexibilität in die Firmen ein, die sich vor allem im Zuge der New Economy verbreiteten und die moderne Managementpraxis begründeten.

Aus der Alternativbewegung ging im Gefolge des Tunix-Kongresses unter anderem die Zeitung taz hervor, die mit basisdemokratischen Vorstellungen brach. Auch das Netzwerk Selbsthilfe, eine ausgedehnte Struktur der Vernetzung und Förderung von Alternativbetrieben, war nun nicht mehr revolutionär, sondern an marktwirtschaftlichem Erfolg und Effizienz ausgerichtet. Das Netzwerk verfügte über erhebliche finanzielle Mittel aus Spenden der linksliberalen Öffentlichkeit. „Keine Selbsthilfe ohne Aneignung: Dieser in den ersten Ausgaben der *Autonomie* formulierte Anspruch hatte im neuen Selbstverständnis keinen Platz mehr“, fasst Neumann zusammen. „Stattdessen wurde nun versucht, den Alternativprojekten im Rahmen der bestehenden ökonomischen Verhältnisse das finanzielle Überleben zu sichern.“[48]

Die zunehmende Integration der Alternativbewegung in das System führte in den Achtzigerjahren zu einer Gegenreaktion in

48 Neumann (2008: 56)

Form der Autonomen, die in Alternativbetrieben Orte der Unterwerfung sahen. Damit kam die Frage der Aneignung wieder auf das Tapet, nun allerdings beschränkt auf den Wohnraum. In vielen Städten entwickelte sich eine dynamische Bewegung von Häuserkämpfen.

Schlussfolgerungen

Die für Kooperativen charakteristische Demokratie im Betrieb hat tendenziell positive Auswirkungen auf Gesundheit und Wohlbefinden der darin Tätigen. Sie kann darüber hinaus einer Solidarischen Ökonomie förderlich sein. Allerdings nur, wenn sich Kooperativen in sozialen Kämpfen verorten, vor allem solchen mit dem Ziel der Aneignung von Ressourcen. Erstens können nur soziale Kämpfe, die immer durch Reziprozität gekennzeichnet sind, das Tauschprinzip auf breiter Front zurückdrängen, indem sich Menschen auch außerhalb der Sphäre der Betriebswirtschaft kooperativ verbinden. Zweitens sind sie erforderlich, um Ressourcen anzueignen, die sonst nicht in die Reichweite solidarökonomischer Initiativen gelangen.

Anders als beim Wechsel vom privaten Leben als Marktsubjekt zu einer militant Handelnden in einem Aneignungskampf kommt es innerhalb eines Betriebs beim Wechsel von einer kapitalistischen Form zur Kooperative nicht zu einer grundsätzlichen Veränderung der sozio-ökonomischen Beziehung: Auch in einer kapitalistischen Firma wirkt nicht das Tauschprinzip, sondern die Reziprozität (zwischen Lohnabhängigen), verschränkt mit Redistribution (zwischen Belegschaft und Eigentümer). Deshalb ist die Form der Kooperative allein kein Garant für Solidarische Ökonomie, schon gar nicht sogenanntes Belegschaftseigentum – wie auch die Praxis zeigt (dazu zwei Beispiele weiter unten). Kooperativen mittels staatlicher Planung zu verbinden und zu koordinieren, ist ein zweifelhafter Weg. Dieser verhindert eine eigenständige, egalitäre Kooperation und reproduziert damit das Muster von Herrschaft.

Wesentlich für die Ausweitung von Commons ist die Interpretation der Erfahrungen in einer Kooperative oder in sozialen Kämpfen, die zur Aneignung von Ressourcen führen. Sie kann in einer vermehrten Identifikation mit dem Privateigentum bestehen und Marktzwänge naturalisieren oder aber die Kooperation mit Verbündeten in sozialen Bewegungen oder einer Gemeinschaft erleichtern und Aneignungskämpfe weiter vorantreiben. Die Interpretation von Reziprozität wird jedoch nicht allein durch die Erfahrung aus den Kämpfen geprägt, sondern auch von anderen Einflüssen bestimmt. Ähnlich wie heute reziproke Beziehungen (etwa in einer sexuellen Verbindung oder im Betrieb) oft in Begriffen des Tauschprinzips wahrgenommen werden, können Mitglieder einer Kooperative diese in marktwirtschaftlichen Begriffen von Leistung und Effizienz und in einer Konkurrenzlogik sehen. Ein extremes Beispiel dafür sind Talente-Tauschkreise, die das von ihnen hochgehaltene Tauschprinzip unbewusst auf ihrem unsichtbaren Gegenteil, auf reziproken Beziehungen, aufbauen. Einerseits lebt der Tauschkreis von der Gemeinschaft am Stammtisch, benötigt koordinierte administrative Leistungen, betont die emotionale Bindung zwischen den Tauschenden, andererseits wird über das Eintreiben von Schulden diskutiert. Um Beziehungen der Reziprozität zu stärken und das Tauschprinzip zu schwächen, muss Reziprozität daher beständig sichtbar gemacht und Selbstverwaltung mit Aneignungskämpfen verbunden werden.

Ausgewählte Literatur

Flieger (1997) beschreibt Produktivgenossenschaften. Zamagni & Zamagni (2011) bieten einen Überblick der weltweiten Genossenschaftsbewegung mit Schwerpunkt Italien. Restakis (2010) illustriert die Bandbreite von Genossenschaften. Weber u. a. (2008) vergleichen prosoziale und demokratische Orientierungen in verschiedenen Unternehmenstypen. Neumann (2008) analysiert die Entwicklung der Alternativbewegung. Notz u. a. (1991) geben Einblick in die ältere Selbstverwaltungsdebatte. Von Harnecker (2009) stammt eine Fallstudie zu Kooperativen in Venezuela, die Purcell (2011) kritisch kontrastiert. Wiederangeeignete Fabriken analysieren Vieta & Ruggeri (2009) und Larraburre u. a. (2011).

CECOSESOLA: Insel gegen den Strom

Die bekannteste kooperative Erfahrung in Venezuela ist das Netzwerk CECOSESOLA, das 1967 als Dachorganisation mehrerer Landkooperativen im Bundesstaat Lara gegründet wurde. Das Netzwerk umfasst im Kern 350 Mitglieder und rund 1.000 assoziierte Personen in 75 Kooperativen und zivilgesellschaftlichen Organisationen. Im Umkreis der Stadt Barquisimeto ist die Kooperative ein bedeutender Wirtschaftsfaktor geworden. Sie betreibt drei große Lebensmittelmärkte, die vor allem Güter, die CECOSESOLA produziert, verkaufen und damit im Jahr 1998 rund 40.000 Familien versorgten. 2007 versorgten die Märkte pro Woche etwa 55.000 Familien, circa ein Drittel der 1,5 Millionen zählenden Bevölkerung von Barquisimeto, und setzten pro Woche 450 Tonnen Güter um. Der jährliche Gesamtumsatz beträgt etwa 40 Millionen US-Dollar. Die Preise der von CECOSESOLA auf den Märkten vertriebenen Güter sind um rund 30 Prozent niedriger als marktüblich, was einer Ersparnis für die Kundschaft von etwa 11 Millionen US-Dollar pro Jahr entspricht.

Das Netzwerk umfasst weiters sechs Gesundheitszentren mit Gratisversorgung der Mitglieder und Assoziierten sowie stark reduzierten Kosten für andere Klientinnen und Klienten. Das Einzugsgebiet zählt etwa 155.000 Personen. Es betreibt ein Bestattungsinstitut, das etwa 17.400 Familien nutzen, sowie diverse Finanzdienstleistungen. Derzeit baut das Netzwerk ein Spital, das im Kollektivbesitz der 1.000 Assoziierten stehen wird. Die Mitglieder verdienen nach Eigenaussage eines Beteiligten im Schnitt etwa drei Mal soviel wie in kapitalistischen Betrieben.

Die günstigen Preise auf den Märkten der Kooperative beruhen wesentlich auf der Ablehnung des Profitprinzips. Dies geht soweit, dass die Kooperative Lebensmittel, die von der Comunidad (Gemeinschaft) benötigt werden, anbietet, auch wenn deren Verkauf einen Verlust bedeutet.

In CECOSESOLA existiert kein Management, es gibt weder einen Vorstand oder ein Direktorium noch eine Präsidentschaft. Die anfallenden Tätigkeiten werden in Rotation zwischen den Mitgliedern erledigt. Inzwischen umfasst die Kooperative mehrheitlich junge Mitglieder. Die besondere Funktionsweise des Netzwerks ist somit von den Gründungspersonen unabhängig. Die Versammlungen der Kooperative sind öffentlich zugänglich, drei Mal pro Jahr wird eine Generalversammlung einberufen. Strategische Entscheidungen wie Investitionen, Einkommen und Boni werden bei der Jahresendversammlung gefällt, sie werden in Kleingruppen erarbeitet und in der Generalversammlung beschlossen. Alle Entscheidungen werden im Konsens getroffen.

CECOSESOLA funktioniert ohne festgelegte Regeln für die Zuteilung der Arbeiten und die Entscheidungsfindung. Dies stärkt die Identifikation der Mitglieder mit der Kooperative. Die geringe Institutionalisierung und Formalisierung erlaubt es den Beteiligten, die Organisation als ihr eigenes Produkt zu sehen und erhöht das Verantwortungsgefühl. Interviews zeigen, dass die Mitglieder aus diesem Grund auch keine bedeutende Gewichtung der Arbeiten vornehmen. Das Einkommen richtet sich nach den Bedürfnissen der Mitglieder.

CECOSESOLA betont in ihren Materialien, und Mitglieder bestätigen dies in Interviews, dass es wesentlich um die Herausbildung neuer sozialer Beziehungen gegen die Muster der patriarchalen, von Machthierarchien geprägten und profitorientierten Gesellschaft gehe. Die praktischen Aktivitäten des Netzwerks dienten diesem Kernanliegen. Die Kooperative zielt explizit auf den Aufbau einer neuen Gesellschaft und limitiert sich nicht auf das Wohlergehen der Mitglieder und ihrer Familien. Das für CECOSESOLA spezifische Narrativ, die Art, wie sich die Mitglieder selbst begreifen und ihren Zusammenhang diskutieren, und worin sie ihre Hauptaufgabe sehen, betont die Einbettung der Kooperative in die Comunidad.

Tatsächlich verstehen die Mitglieder das Netzwerk als Teil der Comunidad und nicht als externe Organisation. Dieses Narrativ ist ein wichtiges Element für den Erfolg der Kooperative, es formt das politische Bewusstsein der Mitglieder. Viele der Mitglieder nennen die Entwicklung dieses politischen Bewusstseins bei neuen Mitgliedern auch als ein wichtiges Ziel ihrer Arbeit. Neben dem starken Gemeinschaftsbezug spielt der Begriff des sozialen Kampfes (lucha) eine große Rolle im Selbstverständnis von CECOSESOLA. Ebenso wichtig ist das Element der parteipolitischen Neutralität, das zu einer deutlichen Distanzierung vom Staat führt.

Das Narrativ aus Gemeinschaftsorientierung und sozialem Kampf um Autonomie ist für die Sozialisation der Mitglieder ebenso wesentlich wie effektiv. Sie suchen zum überwiegenden Teil lediglich einen Arbeitsplatz, wenn sie in die Kooperative eintreten, erfahren in der Folge jedoch häufig eine politische Transformation, die auch in Begriffen persönlichen Wachstums und individueller Erfüllung ausgedrückt wird. Die Arbeit für die Kooperative wird oft als „mehr als ein Job" beschrieben. Viele lehnen eine Unterscheidung zwischen Arbeit und Leben ab.

Die Ausrichtung an der Befriedigung der Bedürfnisse der Comunidad ist nicht allein ideologisches Prinzip, sondern seit der Gründung handlungsleitend. Das Bestattungsinstitut beispielsweise entstand, weil kapitalistische Unternehmen diese Dienstleistung unerschwinglich machten. Als in den Siebzigerjahren die Transportpreise stark stiegen, gründete CECOSESOLA eine günstigere Transportkooperative mit mehr als 120 Bussen, die allerdings später aufgegeben werden musste.

Stattdessen verlegte sich CECOSESOLA auf die heute zentralen Märkte, die als Reaktion auf das Bedürfnis nach leistbarer Nahrung in der Comunidad gegründet wurden. Der solidarische Beziehungszusammenhang ist somit der Kern der Kooperative, nicht die bestimmte wirtschaftliche Tätigkeit oder das Einkommen. Kundinnen und Kunden helfen häufig auch am Markt mit. Diese Handlungselemente verweisen darauf, dass man die Beziehung der Kooperative zur Comunidad nur behelfsmäßig in Begriffen eines herkömmlichen Kundenverhältnisses beschreiben kann.

Anders als die durch ein Programm der Chávez-Regierung gegründeten Kooperativen entstand CECOSESOLA ohne staatliche Unterstützung. Das Netzwerk verzichtet auch weiterhin auf die nun verfügbaren staatlichen Mittel und legt Wert auf seine Unabhängigkeit von staatlichen Strukturen. CECOSESOLA unterstützt allerdings den Aufbau von Kooperativen durch die Chávez-Regierung.

Ausgewählte Literatur

Bach (2006) beschreibt seine Erfahrungen bei CECOSESOLA. Eine detaillierte Fallstudie veröffentlichte Brady (2009).

Mondragón: Insel im Strom?

Berichte über die Mondragón Corporación Cooperativa (MCC) heben zumeist das wirtschaftliche Gewicht hervor.[49] Der Profit betrug 2008 71 Millionen Euro und 2009 61 Millionen Euro.

49 Die Zahlen im Folgenden nach http://www.mondragon-corporation.com/language/de-DE/DEU/Wirtschaftliche-Daten/Die-wichtigsten-Daten.aspx

Die Zahl der Arbeitsplätze ist im Zuge der Krise zurückgegangen von 92.773 im Jahr 2008 auf 85.066 im Jahr 2009 und 83.800 im Jahr 2010. Die Zahl der Genossenschaftsmitglieder betrug 2008 83 Prozent und stieg ein Jahr später auf 88 Prozent – offenbar kündigte man vor allem oder ausschließlich Nicht-Mitglieder.

2011 umfasste die MCC 258 Firmen und andere Organisationen, 109 davon waren Kooperativen.[50] Die MCC ist in allen Branchen tätig, umfasst Bildungs- und Forschungseinrichtungen sowie eine eigene Sozialversicherung. Die Mondragón-Gruppe gründete eine große Zahl an Genossenschaften, mit sehr wenigen Misserfolgen, und schuf eine überproportionale Zahl an Arbeitsplätzen. Laut eigenen Angaben ist die MCC das zehntgrößte Unternehmen Spaniens.

Entwicklung der Struktur

Die Gründung der ersten Kooperative des späteren Genossenschaftskomplexes 1956 ging auf das soziale Engagement und die Vision des katholischen Priesters Arizmendiarrieta zurück. Er sah in Kooperativen die Lösung der drückenden sozialen Probleme der Region. Den Klassenkampf lehnte er ab, in Übereinstimmung mit der katholischen Soziallehre. Arizmendiarrieta wollte, wie aus seinen Schriften hervorgeht, weder die kapitalistische Produktionsweise als solche überwinden, noch zielte er auf eine klassenlose Gesellschaft. Politisch war er stattdessen an einem konservativen baskischen Nationalismus orientiert, wie ihn die Baskische Nationalpartei PNV vertrat.

Schon früh entwickelte sich die spezifische Betriebsform der MCC-Kooperativen. Ihr Herzstück bildet die Generalversammlung, die mindestens einmal pro Jahr tagt, mit verpflichtender Anwesenheit aller Mitglieder. Sie verfügen darin jeweils über eine Stimme. Die höchste Entscheidungsebene ist der Steuerungsrat. Er wird von der Generalversammlung gewählt und besteht ausschließlich aus Genossenschaftsmitgliedern. Der Steuerungsrat wählt einen Manager, dessen Funktion einem Generaldirektor entspricht. Seine Amtsperiode beträgt vier Jahre, er kann wiedergewählt werden. Der Mana-

50 MCC (2011: 53)

ger unterliegt den Entscheidungen des Steuerungsrats, der wichtige Personalentscheidungen trifft. An seinen Sitzungen nimmt er ohne Stimme teil. Weiters gibt es ein Audit-Komitee für das Finanzcontrolling. Manager und Abteilungsleiter bilden den Managementrat, der die tägliche Betriebsführung koordiniert.

Ein Sozialrat hat die Aufgabe, Anliegen der Mitglieder mit dem Steuerungsrat zu diskutieren. Andererseits dient er der Kommunikation des Steuerungsrats mit den Mitgliedern. Offiziell als Organ zur bloßen Diskussion von Anliegen definiert, mit ausschließlich beratender Funktion, gehen in der Praxis Dialog, Verhandlung und Konflikt allerdings fließend ineinander über. Diese ambivalente Rolle entspricht den jurados de empresa, die unter der Franco-Diktatur die Rolle von Gewerkschaften einnehmen sollten. Diese institutionelle Parallelität zur faschistischen Ideologie der klassenlosen Fabrik, worin Arbeiter und Management harmonisch kooperieren sollen, ist mehr als zufällig. Sie erklärt sich aus der Position eines bedeutenden Teils der Genossenschaftsbewegung insgesamt und des baskischen Nationalismus konservativer Prägung im Besonderen.[51]

Die Genossenschaft ist zu gleichen Anteilen Eigentum der darin Tätigen. Die Differenz zwischen den niedrigsten und den höchsten Einkommen betrug ursprünglich 1:3, wurde am Ende der Siebzigerjahre zuerst auf 1:4,5 und später auf 1:6 erweitert. Inzwischen dürfen die Topgehälter 70 Prozent des Marktüblichen betragen. Ein Mitglied muss bei seinem Eintritt in die Genossenschaft eine Summe in der Größenordnung eines Jahreseinkommens einzahlen. Diese Summe kann zu günstigen Konditionen bei der MCC-eigenen Bank, der Caja Laboral, auf Kredit bezahlt werden. Sie wird auf ein individuelles Kapitalkonto transferiert. Dieses Konto verbucht Profite und Verluste der betreffenden Genossenschaft und wird zu durchschnittlichen Konditionen verzinst.

Die Verwendung des Nettoprofits wird im Rahmen des spanischen Genossenschaftsrechts von der Generalversammlung beschlossen. Mindestens 10 Prozent werden für soziale Ziele ausgegeben,

51 Die Autonomie der Genossenschaften steht tendenziell zu einem faschistischen Regime in Konflikt. Ablehnung des Klassenkampfes und die Ideologie der klassenlosen Marktwirtschaft, die sie oft vertreten, tun dies keineswegs.

mindestens 20 Prozent fließen in den Reservefonds der Kooperative. Der verbleibende Profit wird zu maximal 70 Prozent auf das Kapitalkonto der Mitglieder überwiesen. Ein Teil davon wird als Einkommen an die Mitglieder ausbezahlt. Das Einkommen wird „anticipio" genannt: in Erwartung, also Antizipation des Profits am Ende des Geschäftsjahres. Der Profit abzüglich des „anticipio" verbleibt auf dem individuellen Kapitalkonto, Mitglieder haben keinen Zugriff. Damit ist die Kapitalbasis der Genossenschaft garantiert. Zudem ist die Generalversammlung aufgrund dieser Regelung nicht mehr befugt, den Konsum gegenüber den Investitionen zu bevorzugen. Die akkumulierten Profite des Kapitalkontos kann ein Mitglied erst beim Austritt aus der Genossenschaft abheben.

Nach 1956 kam es bald zu weiteren Genossenschaftsgründungen, wobei die 1959 gegründete Caja Laboral eine entscheidende Rolle spielte. Die Bank etablierte eine Abteilung zur Gründung neuer Kooperativen, die später ebenfalls als eigenständige Kooperative (LKS) ausgegründet wurde. Aus ihr entwickelte sich Lagun Aro, die spätere Sozialversicherung der MCC, die den Mitgliedern, die nicht Teil des staatlichen Sozialversicherungssystems sind, ein soziales Netz bietet.

Caja Laboral und Lagun Aro gehören, ebenso wie zum Beispiel die Studierendenkooperative Alecop und das Forschungszentrum Ikerlan zum Typus der Kooperativen zweiten Grades. Diese werden nicht allein durch die dort tätigen Mitglieder verwaltet, sondern in wechselndem Ausmaß auch durch Delegierte der Kooperativen ersten Grades. Schon früh entwickelten sich zwei weitere Besonderheiten der Mondragón-Gruppe. Auf das Ansuchen von Konsumgenossenschaften, die sich in finanziellen Schwierigkeiten befanden, integrierte Mondragón diese und entwickelte eine eigene Supermarktkette, wo, anders als üblich, die Mitarbeitenden auch als Miteigentümer fungieren. Auf Anfrage von Bauern entstand eine Agrarkooperative, bei der die Arbeitenden ebenfalls Mitglieder sind.

Eine wichtige Institution von Mondragón ist schließlich die erstmals 1964 entstandene Kooperative Gruppe. Die einzelnen Mitgliedskooperativen einer solchen Gruppe poolen ihre Profite und Verluste (in unterschiedlichem Ausmaß) und unterstützen sich damit wechselseitig. Die Struktur einer solchen Gruppe ist ähnlich der einzelner Kooperativen.

Arbeitsverhältnisse, Solidarität und Demokratie

Laut offizieller Ideologie der Mondragón-Gruppe gibt es keinen Klassenkonflikt innerhalb der Kooperative. Sie diene nicht dem Profit, sondern der Entwicklung des Baskenlandes und der tiefgreifenden Reform der Gesellschaft im Sinne der Arbeiterschaft. Tatsächlich zeigten sich jedoch schon in den Sechzigerjahren erste Risse in diesem Image. Schriftlichen Niederschlag fanden sie zum ersten Mal seitens der baskischen Befreiungsbewegung ETA. Sie kritisierte die Selbstzufriedenheit und die mangelnde Solidarität der Mondragón-Arbeiter mit Belegschaften der kapitalistischen Betriebe. Die Sechzigerjahre waren von einer anwachsenden Militanz der Arbeitenden im Baskenland gekennzeichnet, welche sich bis zum Ende der Franco-Diktatur 1975 noch steigerte. Die Mondragón-Kooperativen zogen sich aus der Arbeiterbewegung jedoch zurück.

Diese Entwicklung unterbrach lediglich ein Streik in der Mondragón-Gruppe im Jahr 1974, der bislang auch der einzige Streik geblieben ist. Zwischen 700 und 800 Arbeitende zweier Kooperativen traten in den Ausstand. Anlass war, dass sie nicht ausreichend über eine Umorganisation mitbestimmen konnten, die ihrer Meinung nach Hierarchie und Bürokratie stärkte und monotone Arbeit abwertete. Das Management konnte den Streik nach einem Tag zerschlagen, indem es 17 Kündigungsschreiben ausstellte und Streikbrecher organisierte. Es verunglimpfte die Streikenden als „Spanier" und suggerierte damit einen Mangel an baskischem Patriotismus.

Die nachfolgend einberufene Generalversammlung bestätigte die Kündigungen. Anders als in den kapitalistischen Betrieben, für die Solidarität mit Streikführerinnen selbstverständlich war, schlossen die Genossen ihre Mitgenossinnen aus. Mehr als 300 Mitglieder wurden bestraft. Drei Viertel der Gekündigten waren Frauen, die im Durchschnitt geringere Einkommen als ihre männlichen Kollegen hatten. Sie hatten eine Führungsrolle im Streik gespielt. Einige der Streikführerinnen waren ehemalige Aktivistinnen einer linken ETA-Fraktion. Ihrer Meinung nach hatte sich in den Kooperativen eine technokratische Machtelite herausgebildet. Das Management erstellte vermutlich eine schwarze Liste der Gekündigten, die im ganzen Baskenland zirkulierte. Erst nach einer Kampagne 1978 wurden sie wieder eingestellt.

Die Spaltung in den Kooperativen entsprach dem Konflikt, der auch die ETA zu dieser Zeit plagte: Hat die Einheit der baskischen Nation oder die Solidarität der Arbeiterklasse Vorrang? Während der linke Flügel der ETA eine politische Definition von Baskentum vertrat, deckte sich die Position des rechten Flügels mit der PNV. Viele Manager der Mondragón-Kooperative gehörten entweder zum rechten ETA-Flügel oder zur PNV. Zwischen 1971 und 1975 wurde in der Region eine Reihe kritischer Artikel zur Mondragón-Gruppe veröffentlicht. Sie stammten von allen möglichen Fraktionen der ETA mit Ausnahme der Vorläuferfraktionen der heutigen (rechtsgerichteten) ETA, die die Kooperativen weiter unterstützten und die Streikenden verurteilten.[52]

Die Analysen der linken Fraktionen der ETA (die gleichlautend auch die katholische Kirche zu dieser Zeit formulierte) decken sich mit den in den Achtziger- und Neunzigerjahren durchgeführten Untersuchungen von Sharryn Kasmir und George Cheney. Sie bestätigen die kritisierten Trends zur Entsolidarisierung und zu einer zusehends herrschaftlichen Position des Managements. Diese waren in den folgenden fünfzehn Jahren noch weit deutlicher geworden.

1984 und 1985 erfolgte eine Reform, die den Autonomiespielraum der einzelnen Kooperativen einengte. Parallel zu den institutionellen Veränderungen der Neunzigerjahre wandelte sich auch der Unternehmensdiskurs. Zunehmend kreisten die Debatten in den Kooperativen um die Begriffe Effizienz und Wettbewerbsfähigkeit. George Cheney berichtet auf der Basis umfangreicher Interviews von einer dogmatischen Marktgläubigkeit im Diskurs der Kooperative.

Seit 1989 kauft Mondragón kapitalistische Firmen, die zum Teil in Kooperativen umgewandelt wurden. Daneben gewann die Akquisition kapitalistischer Firmen in Billiglohnländern, die nicht konvertiert werden, eine zunehmende Bedeutung. So verfügte die MCC 2006 über 65 Werke mit rund 14.000 Beschäftigten im Ausland.[53] Die Führung dieser Unternehmen unterscheidet sich nicht vom kapitalistischen Durchschnitt. Die Internationalisierung wird mit dem Argument der Arbeitsplatzsicherung seit 1997 auch von der

52 ETA(m) und ETA-V

53 MCC (2011: 7)

baskischen Regionalregierung unterstützt. Sie definiert die MCC als Schlüsselinstrument ihrer Arbeitsmarktpolitik.

Schon seit den Neunzigerjahren werden im Vergleich mit kapitalistischen Firmen überdurchschnittlich viele Zeitarbeitskräfte eingesetzt, die schlechter gestellt sind als die Mitglieder. Das Arbeitstempo hat sich weiter erhöht und der Arbeitsstress verschärft. Sharryn Kasmir beschreibt entwürdigende Maßnahmen des Managements, um die Belegschaft zu mehr Effizienz zu zwingen. Spätestens seit den frühen Neunzigerjahren wurde die ehemalige Jobgarantie de facto unterminiert. Das Management wird verstärkt als eine privilegierte Klasse wahrgenommen. Die einfache Belegschaft verweist häufig auf den propagandistischen Charakter der offiziellen Kooperativ-Rhetorik. Die Rede von der Gleichheit der Kooperativenmitglieder verschleiert die tatsächliche Ungleichheit.

Sharry Kasmirs empirische Untersuchung einer großen MCC-Kooperative und der Vergleich mit einer kapitalistischen Firma ergab, dass sich vor allem das Management mit der Kooperative identifiziert. Die Belegschaft der Kooperative dagegen identifiziert sich weniger mit ihrer Firma als diejenige der kapitalistischen Vergleichsfirma, wo eine kämpferische Haltung überwiegt.

Nach wie vor gibt es kein Streikrecht und die Sozialräte sind strukturell gegenüber dem Management benachteiligt. Sie verfügen über geringere Ressourcen und es ist ihnen verboten, von der MCC unabhängige Expertise einzuholen. Die transparente Informationspolitik der MCC führt in der Realität zu einer Überforderung der Mitglieder. Da sie praktisch keine Möglichkeit haben, aus eigener Initiative das Unternehmen mitzugestalten, verhalten sie sich (wie schon von der ETA in den Siebzigerjahren kritisiert) weitgehend passiv und apathisch.

Resümee

Die MCC stellt bislang den Erhalt oder die Schaffung von Arbeitsplätzen über die Produktion von Profit. Allerdings gibt es eine klare Schichtung zwischen Belegschaft und Management, das die Fäden des Unternehmens in der Hand behält. Frauen sind diskriminiert und wurden in der Geschichte der MCC als mitunter militanter Teil der Belegschaft unterdrückt. Es gibt keine Anzeichen für eine gehaltvolle Diskussion über die Entwicklung der Kooperative. Die Drei-Ebenen-Struktur der MCC verhindert jede noch so marginale Gestaltung durch die Belegschaft. Ihr bleibt de facto ein Vetorecht. Ohne eine adäquate Möglichkeit, konstruktive Vorschläge auszuarbeiten und durchzusetzen, wird das Recht indes kaum in Anspruch genommen. Allerdings wurden die Versuche des Managements, die Einkommensspanne weiter zu vergrößern, bislang blockiert.

Die Machtposition des Managements beruht einerseits auf der Spaltung zwischen Hand- und Kopfarbeit. Andererseits kann das Management leicht in kapitalistische Betriebe überwechseln, während die Belegschaft angesichts der hohen Arbeitslosigkeit enger an den Betrieb gebunden ist. Letztlich ist die Stärke des Managements jedoch auf die zum Teil selbstverschuldete Ohnmacht der Belegschaft zurückzuführen, die sich von der Arbeiterbewegung zusehends distanziert hat. Sie beklagt zwar eine Hierarchisierung innerhalb der Kooperative, fühlt sich jedoch gegenüber den Kollegen im kapitalistischen Umfeld als eine Mittelschicht und verhält sich entsprechend.

Dass die Kooperativen der Gruppe juristisch im Eigentum der Belegschaft stehen, hat neben einer gewissen Jobsicherheit keine weitere Bedeutung. Erstens sind die Profite dem Zugriff der formellen Eigentümer durch die spezifische Verfassung der Kooperative zum guten Teil entzogen. Zweitens verfügt die Belegschaft über kein Streikrecht. Befände sich die Kooperative wirklich in ihrem Eigentum, so müsste sie ohne rechtliche Konsequenz ihre Arbeit einstellen können – weit einfacher als in einem kapitalistischen Betrieb. Genau das Gegenteil ist der Fall. Der ursprünglich kleinbürgerlichen politischen Zielrichtung der MCC entsprechend hat sich die Unternehmensgruppe folglich zu einem chauvinistischen Projekt des internationalen Standortwettbewerbs entwickelt.

Ausgewählte Literatur

Das klassische Standardwerk hierzu stammt von Whyte & Whyte (1991). Kasmir (1996) analysiert Mondragón im politischen Kontext und aus der Perspektive der Arbeiterinnen und Arbeiter. Cheney (2002), der die positiven Aspekte der MCC stärker hervorhebt, aktualisiert und bestätigt Kasmirs Ergebnisse.

Archipel in der Wüste: die Siedlungen der Kibbutz-Bewegung

Die jüdische Kibbutz-Bewegung, die ihre erste Siedlung 1910 gründete, ist der einzige bisher bekannte Versuch eines vollständig auf Commons beruhenden Lebens, das eine große Zahl von Menschen dauerhaft involvierte. Dies galt bis in die Achtzigerjahre, seither entspricht nur mehr eine Minderheit der Kibbutzim[54] dem klassischen Typus. Der klassische Kibbutz ist eine ländliche Pioniersiedlung, worin alle Produktions- und Konsummittel Gemeineigentum sind. Alle ökonomischen und sozialen Belange unterliegen einer weitgehenden Form der Demokratie, wobei die Generalversammlung aller Mitglieder die letzte Entscheidungsgewalt ausübt.

Die Reichweite der Kibbutz-Demokratie war und ist allerdings je nach Siedlung unterschiedlich und häufig eingeschränkt. Erstens etablierte sich ab Ende der Zwanzigerjahre eine Kibbutz-Machtelite. Zweitens schrieben sich im Kibbutz trotz einer anfänglich feministischen Programmatik und mancher Erfolge in der Frauenemanzipation die traditionellen Geschlechterrollen fort. Drittens scheiterte die Integration der nicht-europäischen Jüdinnen und Juden nach dem Zweiten Weltkrieg.

Trotz anfänglicher Erfolge schlug der Versuch fehl, kooperative Beziehungen mit der arabischen Bevölkerung aufzubauen. Der Antisemitismus, der zum Holocaust führte, und die Pogrome nach Ende des Zweiten Weltkriegs (in Polen), machten angesichts der geringen Zahl an jüdischen Flüchtlingen, die westliche Staaten aufzunehmen gewillt waren, die flächendeckende Besiedelung Palästinas unausweichlich.[55] Arabische Kräfte, die gegen Juden bewaffnet vorgingen, waren zudem mit den Nazis alliiert und auch die Britische Mandatsverwaltung zielte auf einen arabischen Staat.

Nachdem alle Produktionsmittel und Konsumgüter im klassischen Kibbutz Kollektiveigentum sind und von der Kibbutz-Gemeinschaft demokratisch und nach ihren eigenen Regeln verwaltet werden, handelt es sich dabei um ein Commons. Die kleinsten Kibbutz-Siedlungen umfassen heute weniger als 100 Mitglieder, die

54 Mehrzahl von Kibbutz

55 Die flächendeckende Besiedelung Palästinas durch jüdische Immigrantinnen bedeutete als solche keine zwangsläufige Verdrängung der Araberinnen.

größten über 1.000. 2006 betrug die durchschnittliche Mitgliederzahl pro Siedlung knapp 450. Die Siedlungen operieren bis heute grundsätzlich autonom.

Traf man Entscheidungen in den ersten Kibbutz-Siedlungen in direkter Demokratie, entwickelte sich mit ihrem Größenwachstum eine Struktur von Komitees, die für die einzelnen ökonomischen und sozialen Belange zuständig waren. Diese Struktur besteht in unterschiedlichem Maß bis heute. Alle wesentlichen Entscheidungen unterliegen weiterhin der Generalversammlung, die in der Regel einmal pro Woche zusammentritt. Alle Mitglieder verfügen darin über das gleiche Stimmrecht. Sie beschließen den Wirtschafts- und Arbeitsplan sowie Ausgaben und Investitionen.

Die Generalversammlung entscheidet darüber hinaus die Zusammensetzung der Komitees und der Produktionszweige. Die Komitees befassen sich mit Kultur, Gesundheit, Bildung und Ähnlichem. Ihre Aufgabe ist zudem die Koordination zwischen den einzelnen Tätigkeitsbereichen. Dies ist die Funktion von Kibbutz-Sekretariat, Wirtschafts- und Arbeitskomitee. Die Komitees werden von der Generalversammlung gewählt. Ämter werden zusätzlich zu Routinetätigkeiten wahrgenommen.

Die Kibbutzim leisteten essenzielle Beiträge zur Entwicklung der israelischen Gesellschaft. Der Anteil der Kibbutznikim[56] an der israelischen Bevölkerung sank in den Jahren nach 1948, als er mit 7,6 Prozent den historischen Höchststand erreichte, auf nur circa drei Prozent ab, doch vergrößerte sich die Zahl der Mitglieder bis Ende der Siebzigerjahre auf mehr als 100.000. Nach offiziellen Angaben zählte man 2010 106.000 Kibbutz-Mitglieder in 273 Siedlungen mit insgesamt 123.000 Bewohnerinnen und Bewohnern.[57] Die Kibbutzim generierten 2010 mit einem Anteil an der Landesfläche von rund zehn Prozent (davon sind circa zwei Prozent landwirtschaftlich nutzbar) 34 Prozent des Produktionswerts der israelischen Landwirtschaft. Seit den Sechzigerjahren ist auch der Anteil an der industriellen Fertigung beachtlich. Ein Anteil von in der Industrie

56 Mehrzahl von Kibbutznik (Kibbutz-Mitglied)

57 http://www.kibbutz.org.il/eng/081101_kibbutz-eng.htm (26. 01. 2012) Die Bevölkerung ist größer als die Mitgliederzahl, weil viele Kibbutzim ihre Siedlungen für Menschen erweitern, die keine Mitgliedschaft anstreben.

tätigen Kibbutznikim von 1,6 Prozent stellte 2010 9,2 Prozent der industriellen Produktion in Israel. 70 Prozent der Einkommen der Kibbutzim stammen aus dem industriellen Sektor.[58]

Neben den anfänglich vier Kibbutz-Verbänden umfasste die Kibbutz-Bewegung auf ihrem Höhepunkt mehr als dreißig weitere Strukturen, darunter elf regionale Unternehmenskonzerne mit etwa 110 Fabriken, politische und zivilgesellschaftliche Organisationen sowie Sozialeinrichtungen. Alle diese Strukturen wiesen Kommando- sowie Statushierarchien auf und wurden zum Reservoir für die entstehenden Machteliten der Kibbutz-Bewegung, die in die Kibbutz-Siedlungen hineinwirkten.

Ein Grundpfeiler des Kibbutz-Ethos, der seit den Achtzigerjahren allerdings verstärkt erodiert, ist die Ablehnung der Lohnarbeit innerhalb der Gemeinschaft. Der Lebensunterhalt war dementsprechend nicht an die Arbeitsleistung gebunden, sondern sollte die jeweiligen Bedürfnisse decken. Arbeit unterlag keiner formellen Kontrolle. Verrichteten Kibbutznikim auswärts Lohnarbeit, so flossen die Einkünfte in die Kibbutzkasse. Die Arbeitsmotivation bestand neben der Befriedigung in der (vor allem in der Pionierphase körperlich zumeist sehr harten) Tätigkeit selbst in der Anerkennung durch die Gemeinschaft. Die immaterielle Befriedigung durch dieses Engagement beschränkte sich nicht auf die unmittelbare Gemeinschaft. Zeitgenossen hoben die sogenannte Pionierspannung und die Selbstlosigkeit hervor, die Kibbutzim waren in den ersten Jahrzehnten stark außenorientiert.

Die Kibbutzim vermarkteten ihre landwirtschaftlichen Produkte über Tnuva, eine gemeinsame Kibbutz-Kooperative. Sie standen dabei in Wettbewerb, der allerdings nicht ihre Existenz bedrohte. Anders war die Situation im industriellen Bereich. Hier kam es zu einer kapitalistischen Konkurrenz zwischen einzelnen Kibbutzim, die für den gleichen Markt produzierten. Ein System des wechselseitigen Ausgleichs oder der Koordination, das im Rahmen der föderativen Organisationen möglich gewesen wäre, wurde aufgrund der dort schwachen Demokratie nicht gebildet.

58 Alle Angaben nach http://www.kibbutz.org.il/eng/081101_kibbutz-eng.htm (26. 01. 2012).

Mitte der Achtzigerjahre wurde die Kibbutz-Bewegung von einer traumatischen Krise erfasst. Viele Kibbutzim hatten sich stark verschuldet. Aufgrund einer Anhebung der Zinssätze wurden sie insolvent und mussten vom Staat gestützt werden. Die eigentliche Schwere der Krise lag jedoch in der Erschütterung von Selbstvertrauen und politischem Selbstverständnis der Kibbutzim. In einem anschließenden Transformationsprozess weichten die meisten Kibbutzim ihre Prinzipien auf oder warfen sie weitgehend über Bord. Allerdings ist selbst der „kapitalistische Kibbutz" noch von einer vergleichsweise weitgehenden Gleichheit und wechselseitiger Unterstützung geprägt.

Die Krise hatte mehrere Ursachen. Der wichtigste Faktor war die hohe Verschuldung, die zu einem großen Teil auf das Eindringen der kapitalistischen Konsumnormen zurückzuführen war. So wurden die auf kollektiven Konsum ausgelegten Einrichtungen im Zuge der Siebzigerjahre zusehends privatisiert und die Wohnungen erweitert. Das strapazierte die Budgets der Kibbutzim.

Zweitens versuchten die ärmeren Kibbutz-Siedlungen mit dem Lebensstandard der reicheren Kibbutzim mitzuhalten. Im Zuge des Verlusts der sozial-revolutionären Kraft, der auch mit der blockierenden Wirkung der Kibbutz-Eliten und ihrer Statuskonkurrenz zusammenhing, wurde die Regel des kollektiven Konsums immer wieder durchbrochen. Diese Regelbrüche wurden oft nicht sanktioniert, vielmehr erhob der Kibbutz den Konsumstandard der Eliten zur neuen Norm.

Die Herausbildung einer in den Anfängen vor allem politisch, später eher technisch bestimmten Kibbutz-Elite führte zu einer wachsenden Kluft zwischen der Ideologie der Gleichheit und den tatsächlichen Entscheidungsstrukturen. Viele Kibbutznikim gingen daher in den inneren Rückzug, sofern sie nicht austraten. Sie suchten ihren Sinn nicht mehr in einer gesellschaftlichen Revolution, intensiven sozialen Beziehungen und dem Aufbau einer neuen Gesellschaft wie die Gründerinnen und Gründer. Stattdessen strebten sie vermehrt nach individuellem Konsum. Die alten Strukturen der kollektiven Entscheidung über alle Belange des täglichen Lebens waren dabei hinderlich.

Diese Auflösung der sozialen Kohäsion hat wohl auch eine wesentliche Rolle für die demografische Krise der Kibbutzim gespielt. Dazu kam, dass die Gründergeneration, die sich in Jugendgruppen sozialisiert hatte, durch die Erfahrung des eigenen Widerstands gegen Establishment und Eltern zum Leben im Kibbutz fanden – anders als ihre Kinder und Kindeskinder.

Die Kibbutz-Bewegung war das Ergebnis einer einmaligen Kombination von Faktoren. Eine entscheidende Rolle spielten dabei bis in die Dreißigerjahre die jüdischen Jugendbewegungen mit ihrer starken Kultur des Commoning und ihrer anarchistischen Ausrichtung. Sie bildeten das wichtigste Mitglieder-Reservoir der Kibbutzim. Die Beziehung der Kibbutzim zu den entstehenden staatlichen Strukturen, die das Gerüst des 1948 proklamierten Staates Israel bildeten, war eine Art von asymmetrischer Symbiose. Die Kibbutzim waren für ihre Etablierung auf die Unterstützung der zionistischen Bewegung vor allem beim Kauf von Land angewiesen. Auf der anderen Seite begriff sich die Kibbutz-Bewegung als ein Leitbild, von dem sie hoffte, dass es zur Gesellschaftsform in ganz Palästina werden würde.

Die jüdische Gesellschaft in Palästina vor der Staatswerdung ähnelte einem genossenschaftlichen Organisationsmodell. Sehr unterschiedliche politische Strömungen und Institutionen kooperierten auf freiwilliger Basis, ohne dass sich eine Zentralgewalt durchsetzte. Die staatliche Souveränität der Mandatsverwaltung war in vielerlei Hinsicht faktisch bedeutungslos. Es existierte ein außergewöhnlich komplexes Netz von kooperativen Organisationen, worin die Kibbutzim eine wichtige, aber nicht die einzige Rolle spielten. Die Kibbutzim waren (und sind) auch nicht die einzige Form kooperativer Siedlungen, wenngleich die mit dem stärksten Commons-Charakter.

Seit den Achtzigerjahren hat sich eine neue, radikale Kibbutz-Praxis herausgebildet. Ihre Organisations- und Produktionsweise ähnelt den Anfängen des revolutionären Anarchismus mit seiner starken Betonung des Individuums und einem politisierten Selbstverständnis. Momentan gibt es rund 100 urbane Kibbutzim, in denen rund 2.000 Menschen leben. Die Mitglieder gehen einer Lohnarbeit nach, das kollektive Leben ist weniger von Komitees geprägt, die Einkommen werden in einer gemeinsamen Kasse verwaltet und nach Bedürfnissen verteilt. Darüber hinaus gibt es eine rasch wachsende Zahl kleiner städtischer Kibbutzim. Sie umfassen derzeit ungefähr 1.500 Menschen. Die einzelnen Gruppen bestehen zumeist aus 10 bis 40 Personen. Seit 2000 haben sich die Gruppen offiziell vernetzt. Die neuen Kibbutz-Bewegungen setzen sich für soziale Gleichheit ein.

Manche anarchistische Autoren diskutieren die ursprüngliche sozial-revolutionäre Kibbutz-Praxis als mögliche Orientierung für eine Lösung des israelisch-palästinensischen Konflikts.

Ausgewählte Literatur

Fölling-Albers & Fölling (2000) geben einen guten Überblick. Das aktuelle historische Standardwerk ist Near (2007). Gavron (2000) beschreibt den Transformationsprozess nach der Krise. Horrox (2009) widmet sich dem Kibbutz-Anarchismus. Shapira (2008) analysiert die Machtstrukturen der Kibbutz-Bewegung.

Die Gewinnung von Land: Venezuela

Seit dem Amtsantritt von Hugo Chávez 1998 entwickelt sich in Venezuela die sogenannte Bolivarianische Revolution, die nach offizieller Regierungsposition einen Sozialismus des 21. Jahrhunderts ermöglichen soll. Die damit verbundenen institutionellen Neuerungen entstehen, oft gegen heftigen Widerstand der Opposition, in Form eines Aufbaus von zwei Seiten, nämlich von oben, das heißt unter Federführung des Staates, und von unten, ausgehend von den Basisbewegungen und ihrer autonomen Widerständigkeit. Dario Azzellini fasst diese Dynamik als ein Wechselspiel zwischen konstituierter und konstituierender Macht.

Institutionen der Selbstermächtigung

Der Aufbau von zwei Seiten äußert sich einerseits in einer starken Belebung der demokratischen Partizipation in Venezuela. Die in der Verfassung festgeschriebenen sozialen Rechte, zu deren Erfüllung der Staat verpflichtet ist, werden zwar nicht vollständig, jedoch in einem hohen Ausmaß eingelöst. Andererseits kommt der revolutionäre Prozess in einer Reihe institutioneller Innovationen zum Ausdruck, die ein neues Verhältnis zwischen Staat und Gesellschaft herstellen: Erstens stehen vier verschiedene Arten von Referenden zur Verfügung, die es erlauben, auch gegen den Willen von Parteien und gewählten Vertretungen zwischen den Wahlen in die staatliche Politik einzugreifen.

Zweitens hat die Chávez-Regierung seit 2003 eine Reihe sozialpolitischer Missionen (Misiónes) ins Leben gerufen. Die Missionen umgehen den Staatsapparat. Sie basieren stark auf ehrenamtlicher Arbeit und den spezifischen Kompetenzen der Leute in den Armenvierteln. Die Missionen stellen unter anderem kostenlose Gesundheits- und Bildungsdienste zur Verfügung und verbessern die Lebensmittelversorgung durch Ausschaltung des Zwischenhandels. Sie schließen direkt an die jahrzehntelangen Erfahrungen der Selbstorganisation der Nachbarschaften in den Vierteln, den Comunidades an und sind damit eine Art von Hybrid zwischen Commons und Staat.

Drittens fördert der Staat zahlreiche autonome gesellschaftliche Initiativen, allen voran Basismedien. Viertens hat die Regierung die Institution des Sozialaudit geschaffen, die es jedem Einzelnen und jeder Gruppe erlauben soll, öffentliche Arbeiten zu überprüfen. Dies hat zur Aufdeckung von Korruptionsfällen etwa in der Misión Mercal geführt.

Ein Netz von Commons im Aufbau?

In der Perspektive einer Solidarischen Ökonomie, die anders gesagt ein entfaltetes Netz von Commons darstellt, worin sich Markt und Staat mittelfristig auflösen müssten, spielen zwei weitere Stränge institutioneller Neuerungen die entscheidende Rolle: die Kommunalen Räte und der Aufbau von in die Gemeinschaft eingebetteten Unternehmen.

Die ersten Kommunalen Räte entstanden noch ohne gesetzliche Basis 2005. Perspektivisch sollen sie den bestehenden Staat in einen Kommunalen Staat umgestalten, indem sie immer mehr staatliche Aufgaben integrieren, die staatlichen Institutionen in ihrem Sinne neu definieren und transformieren. Dieser Prozess soll über mehrere Zwischenstufen verlaufen. So sollen sich mehrere Räte zu einer Sozialistischen Kommune zusammenschließen. Mehrere Kommunen können sich zu einer Kommunalen Stadt vereinigen.

Obwohl eine gesetzliche Grundlage für die Bildung von Netzwerken Kommunaler Räte noch fehlt (Stand 2010), bildeten sich Kommunen und Kommunale Städte bereits und werden institutionell gefördert. 2009 existierten rund 30.000 Kommunale Räte, die eine starke Dynamik entfaltet haben und einen großen Teil der Bevölkerung involvieren. Im Bundesstaat Falcón existiert seit 2010 bereits ein Netzwerk von 400 Kommunalen Räten.

Laut Gesetz besteht ein urbaner Kommunaler Rat aus 200 bis 400 Familien, in ländlichen Regionen reichen 20, in indigenen Regionen auch 10 Familien aus. Die höchste Entscheidungsinstanz ist die Versammlung der Bürger und Bürgerinnen. Ein Rat setzt sich aus verschiedenen selbst definierten Arbeitskomitees zusammen, die durch je eine Sprecherin oder einen Sprecher vertreten werden. Die Arbeit in den Räten ist auf allen Ebenen ehrenamtlich. Personen mit politischen Ämtern dürfen keine offizielle Funktion ausüben. Eine Person kann nur für ein Organ des Rates gewählt werden und bleibt zwei Jahre im Amt. Die Möglichkeit der Wiederwahl besteht ebenso wie die der jederzeitigen Abwahl. Die Sprecherinnen bilden ein Exekutivorgan, können jedoch keine Entscheidungen treffen, sondern fungieren als Delegierte der Vollversammlung. Neben der Versammlung sieht das Gesetz eine Finanzverwaltung und ein Sozialaudit-Komitee vor.

Die Comunidad (Gemeinschaft), die den zentralen Bezugspunkt eines Rates bilden soll, ist im Gesetz nur lose definiert. Nach einer erfolgreichen Konstituierung mit einer Mindestwahlbeteiligung von 20 Prozent beginnt ein Rat den sogenannten Zyklus kommunaler Macht. Er erstellt einen Arbeitsplan mit Maßnahmenvorschlägen durch die Komitees, den die Versammlung beschließen muss. Mindestens 30 Prozent der Mitglieder einer Comunidad müssen dabei anwesend sein. Die darin definierten kommunalen Projekte können danach ihren Finanzierungsbedarf anmelden. Das Sozialaudit prüft den Fortgang der Arbeiten und deren erfolgreichen Abschluss.

Die an die Räte verteilten Finanzmittel sind bedeutend. Der venezolanische interterritoriale Finanzausgleich legt fest, dass 30 Prozent aller Gelder an die Räte gehen müssen. Zusätzliche Gelder, die nicht im Haushaltsplan vorgesehen sind, sollen zu 50 Prozent den Räten zugute kommen.[59] Dario Azzellini nennt für das Jahr 2007 eine Summe von rund 2,8 Milliarden US-Dollar.[60]

Empirische Untersuchungen zeigen, dass die Räte das Potential aufweisen, sich zu dauerhaften Commons zu entwickeln, in deren Rahmen die Gesellschaft ihre eigenen Ressourcen verwaltet, ohne dass sich ein politischer Apparat von ihr abtrennt. Sie stehen allerdings in einem widersprüchlichen Verhältnis zum Staat, der sie teilweise zu behindern, teilweise zu kooptieren sucht. Dario Azzellini stellt eine große Solidarität innerhalb und zwischen den Räten fest. Allerdings schrieben sich zum Teil die Logiken der Repräsentation fort, was sich auf die Partizipation der Comunidad negativ auswirke. Die in den Räten Aktiven, die er interviewte, verwiesen fast alle auf die persönliche Entwicklung, die sie durch ihr Engagement in diesem Rahmen erfuhren.

Die kommunale Rätestruktur könnte erst im Zusammenspiel mit commonsbasierten Produktionsweisen ihr volles Potential entfalten. Mehr als verstreute Hinweise auf einzelne Ansätze, dass diese Potentiale auch verwirklicht werden, gibt es bislang allerdings nicht.

Kooperativen existieren in Venezuela schon seit Anfang des 20. Jahrhunderts. Die meisten arbeiten nach einer kapitalistischen Logik. Die Chávez-Regierung gab dem Sektor 2004 mit der Misión Vuelvan Caras einen enormen Anstoß. Die Zahl an Kooperativen schoss in der Folge in die Höhe, jedoch war der Großteil nicht funktionsfähig. Kritiker verweisen zudem darauf, dass die Kooperativen arbeitsrechtliche Standards unterminieren und der Staat sie als eine politisch korrekte Möglichkeit der Auslagerung und Kostensenkung zu Lasten der Beschäftigten nutze.[61]

2007 wurde Vuelvan Caras in die Misión Che Guevara umgewandelt. Sie sollte nicht mehr zur Stärkung des kapitalistischen Marktes, sondern zum Aufbau eigener Wirtschaftskreisläufe beitragen. Dem liegt unter anderem eine kritische Reflexion der Erfahrung mit der marktsozialistischen Selbstverwaltung im ehemaligen Jugoslawien zugrunde. Seit 2006 werden die Kooperativen-Mitglie-

59 Azzellini (2010: 280)
60 Wilpert (2011: 110)
61 Diese Praxis wird auch aus Argentinien berichtet.

der deshalb in „sozialistischen Werten“ ausgebildet und man trachtet danach, über die Kommunalen Räte eine enge Verbindung zu den Comunidades (Gemeinschaften) herzustellen. Dies soll verhindern, dass Kooperativen (wie im ehemaligen Jugoslawien) miteinander konkurrieren und ohne Bezug auf gesellschaftliche Bedürfnisse produzieren.

2005 wurde ein neuer Unternehmenstyp, das EPS, geschaffen, der nach Dario Azzellini wahlweise ein Soziales Produktionsunternehmen, ein Soziales Eigentumsunternehmen oder ein Sozialistisches Produktionsunternehmen bezeichnet. Ein EPS soll sich vorrangig an der gesellschaftlichen Bedürfnisbefriedigung orientieren anstelle der Akkumulation von Kapital und der Vermarktung. Die interne Arbeitsorganisation soll einem demokratischen Modell folgen, die Tätigkeiten rotieren. Bis Ende 2009 haben die Kommunalen Räte etwa 270 EPS gegründet, um Dienstleistungen zu organisieren oder lokale Produktions- und Konsumkreisläufe aufzubauen.

2007 begann der Bau von 200 sogenannten sozialistischen Fabriken, die als EPS gelten und eine Binnenindustrialisierung unterstützen sollen, um die Erdölabhängigkeit zu reduzieren. Laut offizieller Zielsetzung sollen sie Mechanismen für einen Fluss von Gütern und Dienstleistungen ohne Marktvermittlung entwickeln. 2010 waren 80 solcher Fabriken operativ. Die Verwaltung sollen die Arbeitenden und die Räte übernehmen. Allerdings gibt es dabei kaum Fortschritte.

2010 bestanden über 3.000 EPS, die Regierung scheint sie inzwischen gegenüber den Kooperativen zu bevorzugen. Ein EPS umfasst zumeist 20 bis 100 Arbeitende. Die von Manuel Larrabure untersuchten EPS befinden sich in staatlichem Eigentum und produzieren nicht profitorientiert. Das Management erfolgt kollektiv durch den Staat, die Arbeitenden und die Kommunalen Räte vor Ort.

Neben den Kooperativen und den EPS spielen wiederangeeignete Unternehmen eine Rolle. Trotz der Ermutigung durch Chávez 2005 kam es bislang nur zu vergleichsweise wenigen Betriebsbesetzungen. In Fällen, wo diese Betriebe von der Belegschaft in Kooperation mit dem Staat geleitet werden sollen, reproduziert sich der Konflikt zwischen Kapital und Arbeit oft als Konflikt der dort Tätigen mit dem Staat. Mitunter arbeitet dieser auch explizit gegen die Aneignung von Betrieben durch die Belegschaft, vor allem bei für ihn strategisch wichtigen Unternehmen.

Notwendige Entwicklungsschritte

Der Aufbau von zwei Seiten ist höchst zwiespältig. Eine fortschreitende Ausweitung der konstituierenden Macht würde bedeuten, dass der Staat letztlich seine Handlungsfähigkeit verliert, etwa indem autonome Bewegungen die Erdölausbeutung, die eine große Rolle für den Staatshaushalt spielt, unter ihre Regie bringen (und möglicherweise zurückfahren), die staatlichen Betriebe aneignen und damit eine nationale Politik unmöglich machen. Eine solche Bewegung erscheint nicht zuletzt deshalb heute schwer vorstellbar, weil sie – anders als die Chávez-Regierung bislang – die Produktionsverhältnisse des Kapitalismus effektiv angreifen und auflösen müsste.

Näherungsweise als ein historisches Vorbild einer solchen Fluchtlinie könnten die Cordónes der Arbeiter in Chile unter der Regierung von Salvador Allende Anfang der Siebzigerjahre gelten, die gegen das Bestreben der Regierung, legale Bahnen im Übergang zum Sozialismus und das bürgerliche Recht aufrechtzuerhalten, ein ausgedehntes System von Fabriksräten und deren autonome Vernetzung vorantrieben, das erst der Putsch von General Pinochet zerbrach. Sie hätten in weiterer Folge vielleicht eine effektive Macht gegen den Staat etablieren und große Teile der Produktion möglicherweise weitgehend unabhängig von kapitalistischen Strukturen regeln können.

Stimmen aus venezolanischen Basisbewegungen und ethnografische Untersuchungen verweisen auf eine starke Spannung zwischen konstituierender und konstituierter staatlicher Macht. Tatsächlich wird häufig auf diesen zentralen Widerspruch hingewiesen, und zwar nicht nur mit den neuen klientelistischen Strukturen des Chávismus, der sogenannten Boliburgeoisie[62], sondern mit der staatlichen Bürokratie und folglich mit dem Staat als solchem. Zugleich

62 Boliburgeoisie ist eine Verbindung des Begriffs der Bolivarianischen Revolution für den Aufbau eines Sozialismus des 21. Jahrhunderts, wie ihn die Chávez-Regierung offiziell vertritt, und dem der Bourgeoisie.

reproduziert sich in den Bewegungen der Konflikt zwischen Logiken der Repräsentation, des Machismus, der Hierarchisierung sowie des Widerstand dagegen. Auf mittlere Sicht wirkt der starke Bezug auf Hugo Chávez als ein fundamentales Hemmnis für eine solidarökonomische Selbstorganisation.

Ausgewählte Literatur

Azzellini (2010) liefert eine theoretisch fundierte Analyse des Bolivarianischen Prozesses. Buttkereit (2011) gibt Stimmen aus Venezuela Raum und beinhaltet eine theoretische Analyse, ähnlich Martinez u. a. (2010). Der von Pooniah & Eastwood (2011) herausgegebene Sammelband vereint kontroverse Positionen und unterschiedliche Blickwinkel.

Perspektiven

Inzwischen sollte klar geworden sein: Es gibt kein Patentrezept für Commons oder Solidarische Ökonomien, es gibt keine Gebrauchsanweisung für das „Gute Leben“. Der Grund dafür ist, dass Menschen immer aus der bestehenden Situation heraus beginnen müssen, sie müssen deren Widersprüche dynamisieren und deren Paradoxien nutzen. Aus der Welt eines zusammenbrechenden Systems heraus, das sich in eine neue Herrschaftsweise zu transformieren droht, gilt es etwas Neues ans Licht zu bringen, eine Gesellschaft, die diese Widersprüche nicht reproduziert.

Soziale Kämpfe, Pioniergruppen und politisches Bewusstsein

Die Widersprüche des kapitalistischen Systems prägen unsere sozialen Verhältnisse und damit unsere eigene Identität ebenso wie unsere Beziehungen. Sie beeinflussen, wie wir die Welt wahrnehmen, was wir für richtig und was wir für falsch halten. Mit jedem Schritt der Veränderung unserer Produktionsweise ändern sich allerdings auch diese Verhältnisse und Beziehungen, verändern wir uns selbst und können daran anschließende, weiterführende Schritte setzen.

Die Vergangenheit von Solidarischen Ökonomien und Commons zeigt: Keine Geschichte gleicht der anderen. Ebenso wird die Alternative, die wir ins Hier und Jetzt holen, hier und jetzt auffinden müssen, viele verschiedene Gesichter annehmen. Dennoch kann man einige allgemeine Aussagen formulieren, die Eckpunkte einer solchen Alternative aufzeigen können.

Jeder Ansatzpunkt für eine andere Gesellschaft muss sich mit Markt, Kapital und Staat auseinandersetzen. Dieser Herausforderung kann sich kein Versuch, etwas Besseres zu schaffen als die heutige Gesellschaft, entziehen. Veränderung kann im Gegenteil überhaupt nur gelingen, wenn praktische Lösungen für die Bewältigung der Widersprüche zwischen Kooperation und Konkurrenz, konstituierender und konstituierter Macht, zwischen Commons und Kapital gefunden werden.

Vergleicht man die in den vorigen Kapiteln skizzierten Fallbeispiele und vergegenwärtigt sich gute wie schlechte Erfahrungen mit Ansätzen einer auf Commons und Solidarität beruhenden Gesellschaft, so fällt ins Auge, dass sie allesamt Bestandteil übergreifender sozialer Kämpfe waren oder sind. Demnach entscheidet weniger die bestimmte Organisationsform (oder gar die Rechtsform) eines Projektes darüber, ob es für eine Alternative hilfreich ist. Vielmehr ist die Perspektive der daran Beteiligten und das Verhältnis zum bestehenden System dafür ausschlaggebend, ob eine Initiative die Autonomie der Beteiligten erhöht und ihnen neue Möglichkeiten jenseits von Markt und Staat bietet.

Richtig ist, dass keine neue Gesellschaft allein aus ethischen Gründen entsteht. Wahr ist allerdings, dass in einer Gesellschaft, in der Markt, Kapital und Staat dominieren, eine Alternative häufig zunächst einmal von kleinen Gruppen von Pionierinnen und Pionieren ausgeht, die ihr persönliches Leiden an den Verhältnissen emanzipatorisch wenden: ob in Form einer Gründung einer Kooperative, eines Wohnprojekts, eines revolutionären Umsturzes oder eines Aufstands. Solche Ansätze, die in ihren jeweiligen Kontexten für eine gesamtgesellschaftliche Alternative wichtig sein können, müssen sich freilich verbreitern. Sie dürfen nicht auf eine Pioniergruppe, die ihre Motivation in der Leidenschaft der Befreiung findet und keine Verluste scheut, beschränkt bleiben.

Diese Erweiterung von alternativen Ansätzen indes ist keine Sache bloßen Willens oder einer revolutionären Ethik mehr, die in starre Regeln gießen möchte, was lebendige Praxis ist, die lebendig bleiben muss, will sie nicht zum Dogma gerinnen. Die Struktur menschlichen Handelns ist vielmehr so beschaffen, dass sie im selben Prozess ethische Werte, Gefühle, soziale Beziehungen und, wo es sich um „Wirtschaft" handelt, greifbare Produkte erzeugt. Dort, wo Pioniergruppen neue Strukturen schaffen und die unvermeidlichen Kosten, unangenehmen Erfahrungen und Anstrengungen, manchmal sogar Entbehrungen des Anfangs größerer Ziele wegen auf ihre Kappe nehmen, müssen sie die Strukturen durch Verbreiterung so rasch konsolidieren und die materiellen wie immateriellen Bedürfnisse von immer mehr Menschen so gut befriedigen, dass sie die feindliche Umwelt von Kapital, Markt und Staat wirksam puffern und abbauen. In diesem Prozess verändern sich auch die ethischen Werte einer Gesellschaft. Im Rahmen einer Kooperative bestehen zwar keine Garantien, aber günstige Bedingungen dafür, dass sich kooperatives Verhalten verfestigt, bestärkt und erweitert. Im Zuge von Arbeitskämpfen ergeben sich oft die Voraussetzungen, damit Solidarität und kämpferischer Geist sich darin weiterentwickeln.

Doch entstehen die für die Aufrechterhaltung und Erweiterung alternativer Strukturen – einer Kooperative, einer materiellen Vernetzung, von übergreifenden Commons – notwendigen Werte und Leidenschaften, die sich in Perspektiven für ein Gutes Leben für alle übersetzen lassen, nicht nur in diesen Strukturen selbst. So zeigen Beispiele von Kooperativen, dass die sozialen Kämpfe, in die sie eingebettet oder die ihnen vorausgegangenen sind, eine wesentliche Bedeutung für ihren emanzipatorischen Gehalt haben. Folglich muss die notwendige kooperative Haltung und kämpferische Perspektive nicht unbedingt in der Kooperative selbst entstehen oder hauptsächlich dort reproduziert werden. Beispiele zeigen, dass dies auch in der sozialen Bewegung oder der Nachbarschaft geschehen kann. Auf der anderen Seite wirken die sozialen Kämpfe und Bewegungen wie ein großer Resonanzboden für Alternativen, die sich in Nischen bilden können, zum Beispiel Kooperativen. So kann man die wiederangeeigneten Fabriken in Argentinien interpretieren, die quantitativ bedeutungslos, diskursiv jedoch wirksam sind.

Die in einem commonsorientierten Ansatz Solidarischer Ökonomie reproduzierten Beziehungsstrukturen, Bedürfnisse und die sie reflektierenden ethischen Werte sind für deren Aufrechterhaltung in einer feindlichen kapitalistischen Umwelt notwendig. Nur so kann diese letztlich auch zurückgedrängt werden. Dazu müssen diese Werte, die im solidarischen, reziproken Handeln im Ansatz entstehen oder günstige Bedingungen vorfinden, auch bewusst gemacht, bestärkt und entwickelt werden. Daher spielt in diesen sozialen Kämpfen, deren Teil Solidarische Ökonomien und Commons sein müssen, das politische Bewusstsein eine nicht zu unterschätzende Rolle, wollen sie einen Beitrag für eine Alternative leisten.

Man kann dies am Vergleich zwischen Mondragón und CECOSESOLA anschaulich machen. Dient die Kooperation im ersten Fall vor allem dem Einkommen, während das Projekt gesellschaftlicher Veränderung, wiewohl ideologisch wichtig, praktisch in den Hintergrund tritt, ist sie im zweiten Fall geradezu das ausgesprochene Ziel des scheinbar bloß „wirtschaftlichen" Handelns. Dieser Unterschied ist, wie die beiden Beispiele zeigen, mitunter ein Unterschied ums Ganze. Grundsätzlich lässt sich sagen: In der Perspektive einer wirklichen Alternative, die den Kapitalismus als System auflöst, muss die Orientierung an der Reziprozität des sozialen Kampfes und seiner Bewegung handlungsleitend sein. Ansonsten wird man immer aufs Neue die kapitalistischen Formen von Betriebswirtschaft, Konkurrenz, Tausch, Profit und Staat reproduzieren.

Deshalb sind in allen eher positiv zu wertenden Beispielen sozialer Transformation das politische Bewusstsein und ein Bewusstsein des Kampfes oder des Widerstands ausschlaggebend: Sei es der „Genossenschaftsgeist" in einer Kooperative, die „Pionierspannung" in einer Kibbutz-Siedlung, die Orientierung am Anderen und der soziale Kampf in CECOSESOLA, die wehrhafte Autonomie in einer Basisbewegung in Venezuela.

Erst eine primäre Orientierung am „Guten Leben", das sich zwangsweise den Markt zunutze machen, ihn gleichzeitig auch zurückdrängen und überwinden muss, erlaubt die unabdingbare Flexibilität, schädliche Produktion einzustellen, die Früchte der Arbeit an alle je nach Bedürfnis gleich zu verteilen und wechselseitige soziale Kontrolle auf das Nötigste zu minimieren.

Eine Strategie der Doppelmacht

Die entscheidende Bedeutung sozialer Kämpfe und der ethischen Werte, Gefühle, Beziehungen und mitunter materiellen Güter, die daraus entstehen, führt uns zu einem zweiten Faktor einer Alternative: der Konfrontation mit der Staatsmacht. Denn diese kann soziale Kämpfe behindern und ersticken, unter ungünstigen Bedingungen sogar auslöschen, was im Verlauf der Geschichte regelmäßig geschah. Relativ erfolgreiche Beispiele von Commons und Solidarischen Ökonomien zeigen, dass sie sich der Staatsmacht wohl bewusst waren und sie auf verschiedene Weise in Rechnung stellten: durch eine (immer prekäre) Allianz, manchmal sogar Symbiose, durch eine bewusste, Autonomie oder durch eine offensive Aneignung staatlicher Ressourcen.

Auf längere Sicht muss eine Commons-Bewegung den Staat direkt beeinflussen und aktiv umgestalten. Denn eine Gesellschaft von Commons ist eine ohne einen Staat. Der aber wird sich nicht von selbst auflösen, sondern er muss bewusst transformiert werden. Einen planvollen Entwurf für einen solchen Weg gibt es nur im groben Umriss. Die Revolutionstheorien alter Schule entwarfen Strategien zur Eroberung der Staatsmacht. Das kann das Ziel heute nicht mehr sein, allerdings ist auch nicht alles zu verwerfen, was sich in früheren Perioden an Erfahrungen und Konzepten für einen Weg revolutionärer Umgestaltung angesammelt hat.

Nach wie vor von Bedeutung scheint das Konzept der Doppelmacht, das, wie skizziert worden ist, in Venezuela in gewisser Weise auf längere Dauer gestellt zu sein scheint.[63] Anders als in der klassischen Konzeption jedoch, muss Doppelmacht zwischen Staat, Kapital und Markt auf der einen, den Commons-Bewegungen und den Solidarischen Ökonomien auf der anderen Seite nicht in die Eroberung der Staatsmacht, sondern genau umgekehrt in deren Abbau und Auflösung einmünden.

Versteht man Staat nicht als ein neutrales Instrument, das der Revolution dienen kann, sondern als einen herrschaftlichen Apparat, der Kapital, Marktwirtschaft, Patriarchat und andere Ausschlussmechanismen aufrecht erhält, so kann man den Staat nicht aus dem Staat heraus, sondern nur von außerhalb verändern. Das heißt nicht, dass irgendein sozialer Ort dem Staat restlos entkommt. Im Gegenteil: Auch autonome soziale Bewegungen tendieren dazu, Strukturen des Staates zu reproduzieren – die Abkoppelung von Eliten, Hierarchie und die Logik der Repräsentation. Dem zu wehren kann nur ein waches politisches Bewusstsein und eine Orientierung an der Leidenschaft von Befreiung und größtmöglicher Autonomie dienen, Kochrezepte gibt es nicht. Dass soziale Bewegungen, von denen die

63 Doppelmacht bedeutet, dass der Staat nicht mehr das unangefochtene Machtzentrum ist. Gegenmacht entsteht in vom Staat autonomen Rätestrukturen, die betrieblich verankert sind.

Veränderungen ausgehen, diese Strukturen einschränken und möglichst auflösen müssen, ist der eigentliche Dreh- und Angelpunkt der Emanzipation. Der Weg zum Ziel ist schon das Ziel, weil der Weg bestimmt, welche Ziele überhaupt erreicht werden können.

Diese Veränderung, die von außerhalb des Staatsapparates kommt, braucht Ankerpunkte im Staat. Das Beispiel Venezuelas zeigt allerdings deutlich: Die Autonomie der sozialen Bewegungen bleibt beschränkt, selbst wenn diese Zugeständnisse seitens des Staates erringen und in einer spezifischen historischen Konjunktur sogar Nutzen aus einer bestimmten staatlichen Machtstrategie ziehen. Solange keine materiellen Stützpunkte außerhalb des Staates geschaffen werden, um eine eigenständige Reproduktion sicherzustellen, ist Autonomie unmöglich. Gerade dafür sind staatliche Ankerpunkte unumgänglich. Nicos Poulantzas hat diese Notwendigkeit schon in seiner „Staatstheorie" Ende der Siebzigerjahre betont. Selbstverwaltete Betriebe zum Beispiel müssen vor staatlicher Repression geschützt, also legalisiert, werden, wenn sie eine größere Bedeutung erlangen wollen. Dasselbe hat Elinor Ostrom in Bezug auf die Überlebensfähigkeit von Commons festgestellt.

Denkbare Übergangswege

Wie könnte eine Bewegung der Doppelmacht hierzulande aussehen? Das Hans-Jürgen-Krahl-Institut hat dazu eine interessante Skizze angefertigt. Sie stellt die Perspektive einer sich ausdehnenden Solidarischen Ökonomie in den Mittelpunkt, welche einerseits die Kampfkraft der Lohnabhängigen stärkt, indem sie, ein Rückfallnetz hinter sich, ihre Forderungen bis zum Bankrott der bestreikten Betriebe und deren Übernahme durch die Belegschaften hochschrauben können. Andererseits könnte eine hier als „Gemeinwirtschaft" bezeichnete Solidarische Ökonomie den kapitalistischen Sektor auch wirtschaftlich in Bedrängnis bringen und dadurch fortschreitend zurückdrängen. Beispiele von Kooperativen zeigen ja in der Tat, dass solidarökonomische Strukturen die kapitalistische Wettbewerbsfähigkeit geradezu erhöhen können. Das bleibt höchst widersprüchlich, weil sie zumeist keine antikapitalistische Orientierung verfolgen. Eine antikapitalistisch ausgerichtete Solidarökonomie wüsste dies jedoch als strategischen Einsatz zu verwerten. Dem solidarökonomischen Sektor würden nicht nur bankrott bestreikte Betriebe in die Hände fallen können, die er mit einer umfunktionierten Streikkasse aufkauft. Ein solcher Sektor könnte sich auch ausrangierte Produktionsmittel günstig aneignen. So wäre es denkbar, für die reproduktiven Bedürfnisse der Arbeitenden mit funktionsfähigen, wenngleich kapitalistisch „veralteten" Maschinen zu produzieren und die Lebenshaltungskosten zu senken.

Das Hans-Jürgen-Krahl-Institut sieht in seinem Entwurf eine erneuerte Gewerkschaft als Trägerin einer solchen Bewegung. Das erscheint momentan ziemlich hoffnungslos. Die Frage ist, ob eine solche Strategie auf der Basis anderer, vielleicht neuer Akteure denkbar wäre. Voraussetzung dafür jedenfalls ist nicht nur, dass die Leidenschaft der Befreiung in vielen Pioniergruppen vorhanden ist und weiter ausgebildet wird. Es geht auch wesentlich um ein klares politisches Bewusstsein, dass sich Markt und Solidarität nicht vertragen, dass Reziprozität und Tauschprinzip Gegensätze darstellen. Wichtig ist auch das Verständnis, dass eine reziproke Beziehung keine herrschaftsfreie sein muss. Will man wirklich eine Alternative zum Kapitalismus, so gilt es, eine freie Assoziierung der Menschen zu fördern und Herrschaftsverhältnisse zu überwinden.

Es stellt sich allerdings die Frage, ob der kapitalistische Produktionsapparat dafür der entscheidende erste Ansatzpunkt sein soll oder nicht eher die Bereiche von Reproduktion, Nahrungsversorgung, Wohnraumbeschaffung und -beheizung, bis hin zur Beaufsichtigung und Begleitung der Kinder. Schließlich setzt die Umgestaltung in Richtung auf eine Commons-Gesellschaft weitreichende Lernerfahrungen und den Aufbau neuer Institutionen voraus, was Zeit und Experimentierfelder erfordert. Robert Kurz hat schon 1997 eine Übergangsperspektive skizziert, welche dies berücksichtigt und an historische Erfahrungen der Konsumgenossenschaftsbewegung anschließt. Solche Genossenschaften hätten das Potential gehabt, Produktionsbetriebe aufzubauen oder anzueignen und zu demokratisieren. Das scheiterte zum Teil an der fehlenden Perspektive der Arbeiterbewegung, die mehr auf Partei und Staat als auf Selbstorganisation setzte, zum Teil am Schnitt durch den Nationalsozialismus. Entscheidend wäre folglich nicht nur die Koppelung solidarökonomischer Produktionsweisen mit Arbeits- und anderen

Aneignungskämpfen, wie das Hans-Jürgen-Krahl-Institut betont, sondern auch eine Art schrittweise Aufrollung des Produktionszusammenhangs von Reproduktion und Dienstleistungen hin zum industriewirtschaftlichen Bereich.

Solidarische Postwachstumsökonomie als Zielperspektive

Marx hat eine Commons-Perspektive – mit allen patriarchalen Limitierungen und dem Optimismus des 19. Jahrhunderts – am historischen Vorbild der Pariser Kommune formuliert und festgestellt, dass die Kooperativen, die in Arbeiterhand entstanden waren, durchaus nach einem gemeinsamen Plan produzierend, den die Kommune selbst in direkter Demokratie erstellt hätte, in der Lage gewesen wären, die kapitalistischen Produktionsverhältnisse zu überwinden.[64] Eine solche Perspektive baut freilich auf dem Commoning der sozialen Kämpfe auf, dessen sich übrigens auch Marx bewusst gewesen ist, der beschreibt, wie das Mittel des sozialen Kampfes zum Zweck desselben wird, zur humanen Beziehung der Menschen.[65]

Es scheint sich die alte anarchistische Vorstellung, deren erste Ansätze man wohl schon in der Zeit der Bauernkriege oder sogar davor auffinden könnte, erneut als sinnvoll zu erweisen. Demnach ließe es sich in einer Gemeinschaft von Gemeinschaften am besten leben, in der die Bedürfnisse der Menschen in direkter Demokratie auf der jeweils kleinsten Stufenleiter befriedigt werden. Erweiterte Bedürfnisse würden nach einer erweiterten Kooperation drängen. Dass dies möglich ist, beweisen die Kibbutz-Bewegung, Kooperativen-Netzwerke wie im Fall von CECOSESOLA, in kapitalistisch pervertierter Form sogar der Konzern Mondragón. Ebenso viele weniger spektakuläre Beispiele, worin sich der „Betrieb“ in die Gemeinschaft auflöst und Arbeit und Leben ununterscheidbar zusammenfließen.

So könnte sich eine Solidarische Postwachstumsökonomie ergeben, die Wachstumsdrang und -zwang auflöst, eine Output-Reduktion ermöglicht und gleichzeitig die Lebensqualität steigert. Eine solche Produktionsweise entwickelt sich aus einer Diffusion

64 MEW 17, Bürgerkrieg in Frankreich, S. 343.
65 MEW 3, Ökonomisch-philosophische Manuskripte, S. 19.

und der konflikthaften Durchsetzung sozialer Basisinnovationen, die Lohnarbeit, Markt und die Trennung von Politik und Ökonomie zurückdrängen. Solche Innovationen entstehen nicht sofort auf großer Stufenleiter, sondern in sozialen Nischen. Das war bei der Freien Software am Beginn der Computerära der Fall und das ist auch bei Kooperativen zu sehen, die aus Arbeitskämpfen entstehen.

Woran eine Durchsetzung sozialer Basisinnovationen in großem Maßstab hakt, ist nicht die technische oder organisatorische Machbarkeit und auch nicht eine angebliche Natur des Menschen, sondern die Struktur von Herrschaft an sich. Soziale Kämpfe müssen vorbereitet, ausgelöst, vernetzt und entsprechend organisiert werden und es ist die Frage, ob es ihnen dabei gelingt, eine Perspektive gesellschaftlicher Befreiung zu schaffen, beständig und flexibel genug, um der Dominanz der Marktlogik entgegenzutreten. Sie ist, mitsamt ihres Mangels an Alternativen, tief in unser aller Denken eingeschrieben und hemmt soziale Basisinnovationen.

Projekte für nachhaltige Ressourcennutzung, Stärkung von Gemeinschaften, die Nutzung erneuerbarer Energien oder die Schließung regionaler Kreisläufe können auf den ersten Blick viel mit Commons oder Solidarischer Ökonomie gemeinsam haben. Werden sie jedoch allein zu dem Zweck geplant und angepriesen, Wachstum wieder anzukurbeln, Investoren Profitchancen zu bieten, die Wettbewerbsfähigkeit einer Region zu stärken, bieten sie keinen Ausweg aus den vielfältigen Krisen. Bestenfalls verschaffen sie Atempausen, im ungünstigsten Fall verlängern sie durch den Einsatz gut gemeinter, unbezahlter Arbeit die Überlebensfähigkeit eines grundsätzlich destruktiven Systems. Das heißt nicht unbedingt, dass solche Projekte für eine Übergangsphase nicht trotzdem sinnvoll sein können. Aber es muss klar sein, dass man aus der systemischen Sackgasse damit nicht herauskommt. Entscheidend ist nicht nur, was getan wird, sondern auch aus welchem Grund und wer letztlich daraus Nutzen zieht oder profitiert.[66] Die Frage darf nicht lauten, wie können wir durch die Erzeugung erneuerbarer Energien zum Wirtschaftswachstum beitragen, sondern mit welchem Mix aus ver-

66 Nutzen und Profit sind zwei verschiedene Kategorien, eine Commons-Bewegung „profitiert“ nicht

schiedenen erneuerbaren Energiequellen können die Menschen in einer bestimmten Region ihren Energiebedarf decken. Selbst wenn das ziemlich sicher zu einer Senkung des BIP führt, weil eben keine Waren dabei produziert werden, durch deren Verkauf Profit erzielt werden kann. Dasselbe gilt für die Versorgung mit Nahrungsmitteln und muss für andere Dinge, wie Mobilität oder die Produktion von Hochtechnologie sukzessive auf einer größeren Ebene umgesetzt werden.

Begriffe als Werkzeug einsetzen

Commons als soziale Aushandlungsprozesse darüber, wie mit lebensnotwendigen Ressourcen umgegangen werden soll, Solidarische Ökonomie als Produktion von Gebrauchswerten durch und für „Prosumenten" können Orientierung bieten auf diesem Weg. Welcher der Begriffe jeweils Verwendung findet, hängt von persönlichen Vorlieben ab und davon, in welchem Diskussionszusammenhang man gerade steht. Manchmal bietet sich der eine, manchmal der andere Begriff an. Öffentlichen Raum oder ein Musikstück wird man vielleicht eher als ein Commons bezeichnen, die offene Werkstätte oder die gemeinsam getragene Landwirtschaft eher als Solidarische Ökonomie.

Es mag aber auch gute Gründe dafür geben, den jeweils anderen Begriff zu verwenden, wir wollen und wir können hier bewusst keine klaren Unterscheidungskriterien anbieten. Der Zusammenhang, Solidarische Ökonomie baue auf Commons auf und produziere im besten (sehr selten realisierten Fall) wieder Commons, ist sicher nicht falsch, deckt aber vermutlich auch nicht die ganze komplexe Landschaft entstehender Alternativen ab. Wir wollen es unseren Leserinnen und Lesern überlassen, wann welcher Begriff für sie sinnvoll und hilfreich ist. Unser Anspruch ist nicht, dass Menschen für etwas, das sie schon lange tun, plötzlich diese neuen Begriffe verwenden. Wichtiger ist es, die Prinzipien zu verstehen, durch die sich die Tätigkeiten des Commoning und der Solidarischen Ökonomie von der Arbeit in kapitalistischen Verhältnissen unterscheiden, um solche Tätigkeiten im täglichen Leben und in der konkreten Umgebung identifizieren und stärken zu können.

Für manche Zwecke kann es nützlich sein, Begriffe und einen theoretischen Hintergrund zu haben für das, was man tut und erreichen will. Dafür, so hoffen wir, bieten wir mit diesem Buch Hilfestellung und regen dazu an, über diese beiden Konzepte hinauszudenken, um strategische Partnerschaften und Kooperationen mit anderen Gruppen einzugehen, die andere Forderungen und Modelle vertreten. Forderungen, durch die sich Synergien ergeben könnten, sind etwa diejenigen nach einem bedingungslosen Grundeinkommen und nach radikaler Arbeitszeitverkürzung, wie sie z. B. die Vier-in-Einem-Perspektive von Frigga Haug darstellt. Auch die Konzepte der Ernährungs- und Energiesouveränität sind mit den Ideen von Commons und Solidarischer Ökonomie vereinbar und stellen möglicherweise einen konkreten Anwendungsfall dar. Die Forderungen nach direkter Demokratie, wie sie von der Occupy-Bewegung postuliert werden, bieten ebenfalls gute Andockmöglichkeiten. Die bereits existierenden Gestaltungsmethoden der Permakultur und Technologien zur Schließung von Stoffkreisläufen könnten in einer commonsbasierten Gesellschaft ihr Potential erst optimal entfalten. Denn Markt, Wettbewerb und Wachstumszwang setzen einer Ökologisierung enge und unüberwindbare Grenzen, die einem „Guten Leben" für alle im Wege stehen.

Ausgewählte Literatur

Das Hans-Jürgen-Krahl-Institut (2007) skizziert einen „Praktischen Sozialismus". Robert Kurz (1997) entwickelt eine Übergangsperspektive jenseits der Warenform. Exner et al. (2011) skizzieren eine Solidarische Postwachstumsökonomie, die aus sozialen Basisinnovationen in Nischen entsteht. Schmelzer & Passadakis (2010) entwickelten das Leitbild einer Solidarischen Postwachstumsökonomie, Haug (2011) stellt die Vier-in-Einem-Perspektive dar.

Literaturverzeichnis

Azzellini, Dario (2010): Partizipation, Arbeiterkontrolle und die Commune. Bewegungen und soziale Transformation am Beispiel Venezuela. VSA-Verlag. Hamburg.

Bach, Peter (2006): Cecosesola – eine Kooperative in Venezuela der besonderen Art. In: Möller, Carola; Peters, Ulla; Vellay, Irina (Hg., 2006): Dissidente Praktiken. Erfahrungen mit herrschafts- und warenkritischer Selbstorganisation. Ulrike Helmer Verlag. Königstein/Taunus. S. 157–169.

Brady, Laura Adrienne (2009): Resisting the National Narrative: Charisma and the Venezuelan Cooperative Movement Within the Context of the Bolivarian Revolution. Intersections 10, no. 1. S. 27–168.

Buttkereit, Helge (2011): „Wir haben keine Angst mehr". Interviews, Reportagen und Analysen zum bolivarischen Venezuela. Pahl-Rugenstein. Bonn.

Cheney, George (2002): Values at Work. Employee Participation Meets Market Pressure at Mondragon. Cornell University Press.

De Angelis, Massimo (2012): Commons und Kapital. In: Silke Helfrich/Heinrich-Böll-Stiftung (Hg., 2012): Commons. Für eine neue Politik jenseits von Markt und Staat. Transcript Verlag. Bielefeld.

Defert, Daniel (1991): „Popular life" and insurance technology. In: Burchell, Graham / Gordon, Colin / Miller, Peter (Hg., 1991): The Foucault Effect. Studies in Governmentality. Harvester. Wheatsheaf. S. 211–233.

Evanoff, Richard (1998): A Look Inside Japan's Seikatsu Club Consumers' Cooperative. In: Social Anarchism #26.

Exner, Andreas / Lauk, Christian / Kulterer, Konstantin (2008): Die Grenzen des Kapitalismus. Wie wir am Wachstum scheitern. Ueberreuter. Wien.

Exner, Andreas (2010): Die „Große Transformation" zur „Großen Kooperation". Commons, Markt. Kapital und Staat. Streifzüge 49/2010.

Exner, Andreas / Fleissner, Peter / Kranzl, Lukas / Zittel, Werner (Hg., 2011): Kämpfe um Land. Gutes Leben im post-fossilen Zeitalter. Mandelbaum kritik & utopie. Wien.

Federici, Silvia (2004): Caliban and the Witch. Women, the Body and Primitive Accumulation. Autonomedia. New York.

Flieger, Burghard (1997): Produktivgenossenschaft als fortschrittsfähige Organisation. Theorie, Fallbeispiele, Handlungshilfen. Metropolis-Verlag. Weimar bei Marburg.

Fölling-Albers, Maria / Fölling, Werner (2000): Kibbutz und Kollektiverziehung. Entstehung – Entwicklung – Veränderung. Leske + Budrich. Opladen.

Gavron, Daniel (2000): The Kibbutz. Awakening from Utopia. Rowman & Littlefield Publishers. Lanham, Maryland.

Habermann, Friederike (2004): Halbinseln gegen den Strom. Anders leben und wirtschaften im Alltag. Ulrike Helmer Verlag. Traunstein.

Hans-Jürgen-Krahl-Institut (2007): Für einen Praktischen Sozialismus. Antwort auf die Krise der Gewerkschaften. Pahl-Rugenstein-Verlag. Köln.

Harnecker, Camila Piñeira (2009): Workplace Democracy and Social Consciousness: A Study of Venezuelan Cooperatives. Science & Society 73(3). S. 309–339.

Hartman, Peter (2004): Konsumgenossenschaften in Japan: Alternative oder Spiegelbild der Gesellschaft? Iudicium Verlag. München.

Haug, Frigga (2011): Die Vier-in-einem-Perspektive. Politik von Frauen für eine neue Linke. Argument Verlag. Hamburg.

Heinrich, Michael (2012): Kritik der Politischen Ökonomie. Eine Einführung. Schmetterling Verlag. Stuttgart.

Horrox, James (2009): A Living Revolution. Anarchism in the Kibbutz-Movement. AK Press. Oakland, Edinburgh.

Jessop, Bob (2000): The Crisis of the National Spatio-Temporal Fix and the Tendential Ecological Dominance of Globalizing Capitalism. International Journal of Urban and Regional Research 24(2): 323–360, June 2000. http://www.lancs.ac.uk/fass/sociology/papers/jessop-crisis-of-the-national-spatio-temporal-fix.pdf (16. 06. 2011)

Kasmir, Sharryn (1996): The Myth of Mondragón. Cooperatives, Politics, and Working-Class life in a Basque Town. State University of New York Press.

Kratzwald, Brigitte (2012): Commons und Sozialstaat. In: Silke Helfrich / Heinrich-Böll-Stiftung (Hg., 2012): Commons. Für eine neue Politik jenseits von Markt und Staat. Transcript Verlag. Bielefeld.

Kurz, Robert (1997): Antiökonomie und Antipolitik. Zur Reformulierung der sozialen Emanzipation nach dem Ende des 'Marxismus'. In: Krisis 19. S. 51–105.

Larraburre, Manuel / Vieta, Marcelo / Schugurensky, Daniel (2011): The ‚New Cooperativism' in Latin America: Worker-Recuperated Enterprises and Socialist Production Units. Studies in the Education of Adults 43(2).

Linebaugh, Peter (2008): The Magna Carta Manifesto. Liberties and Commons for All. University of California Press. Berkeley, Los Angeles, London.

Martinez, Carlos / Fox, Michael / Farrell, Jojo (Hg., 2010): Venezuela Speaks! Voices from the Grassroots. PM Press. Oakland.

Mauss, Marcel (1925/1990): Die Gabe. Form und Funktion des Austauschs in archaischen Gesellschaften. Suhrkamp. Frankfurt a. M.

Möller, Carola / Peters, Ulla / Vellay Irina (Hg., 2006): Dissidente Praktiken. Erfahrungen mit herrschafts- und warenkritischer Selbstorganisation. Ulrike Helmer Verlag. Königstein.

Near, Henry (2007): The Kibbutz Movement. A History. Volume 1 – Origins and Growth, 1090–1939. Volume 2 – Crisis and Achievement, 1939–1995. The Littman Library of Jewish Civilization. 1. Auflage 1997. Oxford, Portland (Oregon).

Neumann, Arndt (2008): Kleine geile Firmen. Alternativprojekte zwischen Revolte und Management. Edition Nautilus. Hamburg.

Notz, Gisela (2011): Theorien alternativen Wirtschaftens. Fenster in eine andere Welt. Schmetterling Verlag. Stuttgart.

Notz, Gisela / Heß, Klaus Dieter / Buchholz, Ulrich / Bühler, Theo (Hg., 1991): Selbstverwaltung in der Wirtschaft. Alte Illusion oder neue Hoffnung? Köln.

Nuss, Sabine (2006): Copyright & Copyriot. Aneignungskonflikte um geistiges Eigentum im informationellen Kapitalismus. Westfälisches Dampfboot. Münster.

Ostrom, Elinor (1998): Die Verfassung der Allmende. Jenseits von Markt und Staat. Mohr Siebeck Tübingen.

Polanyi, Karl (1944/1997): The Great Transformation. Politische und ökonomische Ursprünge von Gesellschaften und Wirtschaftssystemen. Suhrkamp. Frankfurt a. M.

Ponniah, Thomas / Eastwood, Jonathan (Hg., 2011): The Revolution in Venezuela. Social and Political Change under Chávez. Harvard University Press. Cambridge u. a.

Procacci, Giovanna (1991): Social Economy and the Government of Poverty. In: Burchell, Graham / Gordon, Colin / Miller, Peter (Hg., 1991): The Foucault Effect. Studies in Governmentality. Harvester. Wheatsheaf. S. 151–167.

Purcell, Thomas (2011): The Political Economy of Venezuela‘s Bolivarian Cooperative Movement: A Critique. Science & Society 75(4). S. 567–578.

Reitter, Karl (2002): Die 1968er Bewegung – Versuch einer Darstellung, Teil 1, Teil 2. grundrisse.zeitschrift für linke theorie & debatte, nr. 3 und 4.

Restakis, John (2010): Humanizing the Economy. Co-operatives in the Age of Capital. New Society Publishers. Gabriola Island, Canada.

Sabourin, Eric (2007): Paysans du Brésil. Entre échange et réciprocie. Éditions Quae.

Schmelzer, Matthias / Passadakis, Alexis (2011): Postwachstum. Krise, ökologische Grenzen und soziale Rechte. AttacBasisTexte 36. VSA Verlag. Hamburg.

Shapira, Reuven (2008): Transforming Kibbutz-Research. Trust and Moral Leadership in the Rise and Decline of Democratic Cultures. New World Publishing.

Vieta, Marcelo / Ruggeri, Andrés (2009): Worker-Recovered Enterprises as Workers‘ Cooperatives: The Conjunctures, Challenges, and Innovations of Self-Management in Argentina and Latin America. In: Reed, Daryl / McMurtry, J.J. (Hg., 2009): Co-Operatives in a Global Economy. The Challenges of Co-Operation Across Borders. Cambridge Scholars Publishing, S. 17–225.

Voss, Elisabeth (2010): Wegweiser Solidarische Ökonomie. Anders wirtschaften ist möglich! AG Spak. Neu-Ulm.

Weber, Wolfgang; Unterrainer, Christine; Höge, Thomas (2008): Sociomoral Atmosphere and Prosocial and Democratic Value Orientations in Enterprises with Different Levels of Structurally Anchored Participation. Zeitschrift für Personalforschung, 22. Jg., Heft 2: S. 171–193.

Whyte, William Foote; Whyte, Kathleen King (1991): Making Mondragon. The Growth and Dynamics of The Worker Cooperative Complex. ILR Press. Ithaca, NY.

Wilkinson, Richard / Pickett, Kate (2009): The Spirit Level. Why Equality is Better for Everyone. Penguin Books. London.

Zamagni, Stefano / Zamagni, Vera (2010): Cooperative Enterprise. Facing the Challenge of Globalization. Edward Elgar. Cheltenham, Northampton.

Finanz- und Schuldenkrise, Klim
Energieversorgung und Hunger –
Marktsystem ermöglicht keine zuk
weise. Krisenlösungen müssen eine
als der von Konkurrenz, Profit und
weit bereits praktizierten neuen Wirtschafts- und Lebensweisen zeigen, dass es anders geht: Commons und Solidarische Ökonomie sind zwei der Kernbegriffe für diese Nischen abseits von Markt und Staat. Dieses INTRO ist einerseits eine Momentaufnahme der sich rasch entwickelnden Diskussion um gesellschaftliche Alternativen, es werden aber auch die grundlegenden historischen und begrifflichen Eckpunkte der Debatte um ein nicht-profitorientiertes Wirtschaften nachgezeichnet.

Andreas Exner arbeitet im EB&P Umweltbüro GmbH in Klagenfurt und engagiert sich für eine Solidarische Ökonomie. Seine Arbeitsschwerpunkte sind soziale Innovation und Landnutzung.

Brigitte Kratzwald ist Sozialwissenschaftlerin, lebt in Graz und ist dort in mehreren Commons-Projekten engagiert. Sie betreibt die Webseite commons.at und schreibt auf mehreren Blogs zu Kapitalismuskritik und alternativen Wirtschaftsformen.

ISBN 978-3-85476-607-0